Petra Mönning

# Kreative 5 Minuten: Feinmotorik

spielerisch – selbstgesteuert – 3-fach differenziert

**Bildnachweis**

Coverfoto: Hände mit Knöpfen © Köpenicker - Fotolia.com (#51012383)
alle anderen Fotos: Petra Mönning

# Impressum

**Kreative 5 Minuten: Feinmotorik**

**Petra Mönning** ist ausgebildete Grundschullehrerin und Verlagsredakteurin. Seit 2003 arbeitet sie als freiberufliche Redakteurin und Autorin für Kinder- und Jugendmedien. Viele ihrer Themenhefte hat sie selbst illustriert. Weitere Informationen über die Autorin finden Sie auf ihrer Homepage: www.leichter-unterrichten.de.

3. Auflage 2021


Veritaskai 3 · 21079 Hamburg
Fon (040) 32 50 83-060 · Fax (040) 32 50 83-050
info@aol-verlag.de · www.aol-verlag.de

Lektorat: omnibooks, Bielefeld
Layout/Satz: Satzpunkt Ursula Ewert GmbH
Illustrationen: Petra Mönning

ISBN: 978-3-403-10271-7



Engagiert unterrichten. Begeistert lernen.

# Vorwort

*„Das erstaunlichste Werkzeug sind doch die zehn Finger."*

(überliefertes Sprichwort aus der Mongolei)

Der Begriff der Feinmotorik beschreibt gezielte und koordinierte Bewegungsabläufe, die sich u. a. in der Hand- bzw. Fingergeschicklichkeit widerspiegeln. Zur Feinmotorik gehören die besonders differenzierten Bewegungen der Hände und Finger sowie die Koordination beider Hände miteinander.

Folgende Punkte beschreiben und beeinflussen u. a. unsere feinmotorischen Fähigkeiten:

- Beweglichkeit und Entspanntheit/Lockerheit der Hände bzw. Finger
- Tastsinn und Tiefensensibilität (d. h. Präzision des Spürens)
- taktile Wahrnehmungsfähigkeit
- ein Gefühl für die eigenen Hände und Bewegungen
- Ausführung differenzierter Bewegungen mit den Fingern (d. h. Präzision der Bewegung)
- Ziel- und Bewegungsgenauigkeit
- Koordination beider Hände
- ausreichende Muskelspannung in der Hand und den Fingern (d. h. Hand- bzw. Fingerkraft)
- exakte Dosierung der Hand- bzw. Fingerkraft
- Ausprägung und Manifestation der Händigkeit
- Auge-Hand-Koordination
- visuelle Wahrnehmungsfähigkeit

In der Regel trainieren die Kinder ihre feinmotorischen Fertigkeiten und Fähigkeiten in ihren ersten Lebensjahren im Alltag und im Spiel. Doch leider stellt sich bei den kontinuierlich ansteigenden grafomotorischen Anforderungen im Kindergarten und in der Schule häufig heraus, dass viele Kinder noch Förderbedarf auf diesem Gebiet haben.

Gerade im Anfangsunterricht sind die Unterschiede in der Handgeschicklichkeit sehr groß. Eine gute Feinmotorik und damit die sichere Handhabung einfacher Arbeitsmaterialien sind jedoch eine wichtige Voraussetzung für viele Lernprozesse. Besonders wichtig sind feinmotorische Kompetenzen beim Führen von Mal- und Zeichenwerkzeugen und somit insbesondere für das Schreibenlernen.

In diesem Heft finden Sie einen Fundus an kreativen Spielideen und Übungen, die die feinmotorischen Fähigkeiten und Fertigkeiten der Kinder trainieren. Der Großteil der Übungen ist so konzipiert, dass sie in der Regel innerhalb von ca. fünf Minuten durchgeführt werden können. So besteht die Möglichkeit, die Kinder individuell zu fördern, auch wenn die Zeit gerade mal wieder knapp sein sollte. Sie können die Übungen z. B. spontan in Phasenübergängen, zur kurzen Auflockerung zwischendurch, als ritualisierte Stundenanfänge, in der Freiarbeit oder in Vertretungsstunden einsetzen.

Durch die dreifache Differenzierung können Sie die Übungen dem individuellen Leistungsstand der Kinder anpassen und sie punktuell und gezielt in ihrer Feinmotorik fördern und fordern.

# Zum Aufbau der Materialien

Die Materialien sind in folgende vier Bereiche eingeteilt, die zur besseren Übersicht durch diese Symbole gekennzeichnet sind:

**Spiel-/Übungsideen ohne Material**

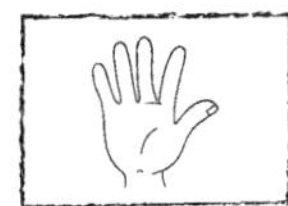

**Spiel-/Übungsideen mit Material**

**Übungen mit Arbeitsblatt und Stift**

**Übungen mit Arbeitsblatt und weiteren Materialien**

Jede Übungs- bzw. Spielidee enthält eine Übersicht über das jeweilige Thema bzw. die Förderschwerpunkte der Übung, die benötigten Materialien, die Sozialform und Klassenstufe.

Die Angaben zur Klassenstufe sind als grober Richtwert zu sehen, da jede Klasse durch ihre individuelle Zusammensetzung bzw. jedes Kind andere Anforderungen an Sie als Lehrende stellt. Daher können im Endeffekt nur Sie eine adäquate Auswahl aus dem Spielfundus treffen, die dem Leistungsstand und dem Förderbedürfnis der Kinder angemessen ist.

Um Ihnen diese Auswahl zu erleichtern und den individuellen Lernständen der Kinder gerecht zu werden, werden Ihnen zu allen Spielideen und Arbeitsblättern drei Differenzierungsmöglichkeiten zur Verfügung gestellt.
Die Differenzierungsmöglichkeiten sind mit diesen drei neutralen Symbolen gekennzeichnet:

○ leicht □ mittel △ schwer

Die weiteren Tipps und Anregungen sowie Kopiervorlagen sollen Sie bei der Vorbereitung Ihres Unterrichts möglichst entlasten und bei der spielerischen und handlungsorientierten Umsetzung der Übungen unterstützen. Viele der Spielideen können nach kurzer Einführung von den Kindern selbstständig gespielt werden. Dabei können die Spiele natürlich von Ihnen und den Kindern jederzeit weiterentwickelt und verändert werden.

Viel Spaß also beim Flaschenangeln, auf der Schmetterlingsjagd, beim Lineallauf, beim Zeichnen chinesischer Schriftzeichen und bei vielen weiteren kreativen und abwechslungsreichen Spielen, Übungen und Bastelvorlagen.

Ihre

Petra Mönning

# Rückenmassage: „Ein Tag im Garten“

*Thema:* Rückenmassage, Handlockerung, Fingersensibilität, exakte Kraftdosierung
*Material:* –
*Sozialform:* Partnerarbeit
*Klasse:* 1–4

*Anleitung:*

Die Kinder finden sich zu Paaren zusammen. Eines der Kinder bleibt an seinem Sitzplatz sitzen und legt seinen Kopf bequem auf seine verschränkten Arme auf die Tischplatte. Der Partner stellt sich hinter das Kind. Stellen Sie sich ebenfalls hinter eines der Kinder. Sie bzw. Ihre Hände müssen dabei für alle Kinder, die ihren Partner massieren, gut sichtbar sein. Erzählen Sie nun langsam die Geschichte (siehe unten) und machen Sie die passenden Bewegungen dazu. Zeigen Sie die Bewegungen sehr deutlich, damit die Kinder sie bei ihrem Massagepartner richtig nachahmen können. Nach der Beendigung der Massage werden die Rollen gewechselt. Damit es nicht langweilig wird, können Sie nun eine andere Massagegeschichte erzählen (siehe z. B. Seite 7). Sie bzw. die Kinder können sich natürlich auch eine eigene Geschichte mit passenden Bewegungen ausdenken.

**Tipp**

Weisen Sie die Kinder vor der Massage darauf hin, dass sie die Bewegungen bei ihrem Partner sanft und vorsichtig durchführen müssen, damit sie ihm nicht wehtun. Die Massage soll ihrem Partner guttun.

*Differenzierung:*

○ Die Kinder führen die Massagegeschichte selbstständig und aus dem Gedächtnis aus.

□ Die Kinder denken sich eigene Massagebewegungen zur Geschichte aus bzw. entwickeln die Geschichte weiter.

△ Die Kinder denken sich eine eigene Massagegeschichte mit passenden Bewegungen aus.

| Geschichte | Bewegungen |
|---|---|
| Heute haben wir im Garten viel zu tun. | *Hände flach auf den Rücken des Partners legen* |
| Zuerst graben wir die Erde gut um. | *mit den Fingerspitzen den Rücken leicht kneten* |
| Dann zupfen wir das Unkraut aus. | *mit zusammengelegten Daumen und Zeigefingern leicht auf dem Rücken zupfen* |
| Danach müssen wir das Beet harken. | *eine imaginäre Harke mit den Fingern bilden und leicht von oben nach unten über den Rücken streichen* |
| Jetzt brauchen wir eine Rinne für die Blumensamen. | *mit den Zeigefingern leicht in Schlangenlinien über den Rücken fahren* |
| Nun ist es Zeit für die Blumensamen. Wir verteilen sie in den Rinnen. | *mit Daumen und Zeigefinger die imaginären Samen auf dem Rücken verteilen und sanft in die „Erde“ drücken* |
| Deckt die Samen gut mit der Erde zu. | *mit den Handflächen sanft über den Rücken streichen* |
| Wir dürfen nicht vergessen, die Blumensamen zu gießen. | *mit den Fingern das leichte Prasseln des Wassers aus der Gießkanne nachahmen* |
| Die Sonne wärmt die Erde. Jetzt können die Blumen wachsen. | *die Hände zunächst aneinanderreiben, damit sie warm werden, dann die Handflächen mit leichtem Druck auf den Rücken legen, sodass die Kinder die Wärme spüren* |

# Rückenmassage: „In der Pizzabäckerei“

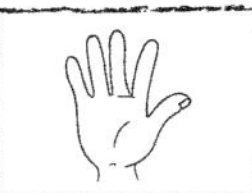

*Thema:* Rückenmassage, Handlockerung, Fingersensibilität, exakte Kraftdosierung
*Material:* –
*Sozialform:* Partnerarbeit
*Klasse:* 1–4

*Anleitung:*

Die Kinder finden sich zu Paaren zusammen. Eines der Kinder bleibt an seinem Sitzplatz sitzen und legt seinen Kopf bequem auf seine verschränkten Arme auf die Tischplatte. Der Partner stellt sich hinter das Kind. Stellen Sie sich ebenfalls hinter eines der Kinder. Sie bzw. Ihre Hände müssen dabei für alle Kinder, die ihren Partner massieren, gut sichtbar sein. Erzählen Sie nun langsam die Geschichte (siehe unten) und machen Sie die passenden Bewegungen dazu. Zeigen Sie die Bewegungen sehr deutlich, damit die Kinder sie bei ihrem Massagepartner richtig nachahmen können. Nach Beendigung der Massage werden die Rollen gewechselt. Damit es nicht langweilig wird, können Sie nun eine andere Massagegeschichte erzählen (siehe z. B. Seite 6). Sie bzw. die Kinder können sich natürlich auch eine eigene Geschichte mit passenden Bewegungen ausdenken.

**Tipp**

Weisen Sie die Kinder vor der Massage darauf hin, dass sie die Bewegungen bei ihrem Partner sanft und vorsichtig durchführen müssen, damit sie ihm nicht wehtun. Die Massage soll ihrem Partner guttun.

*Differenzierung:*

○ Die Kinder führen die Massagegeschichte selbstständig und aus dem Gedächtnis aus.

□ Die Kinder denken sich eigene Massagebewegungen zur Geschichte aus bzw. entwickeln die Geschichte weiter.

△ Die Kinder denken sich eine eigene Massagegeschichte mit passenden Bewegungen aus.

| Geschichte | Bewegungen |
|---|---|
| Heute backen wir eine Pizza. | *Hände flach auf den Rücken des Partners legen* |
| Dafür müssen wir erst einmal den Teig kneten. | *mit den Fingerspitzen den Rücken leicht kneten* |
| Dann verteilen wir den Teig auf dem Backblech. | *mit den Handflächen den imaginären Teig auf dem Rücken verteilen und platt drücken* |
| Jetzt wird die Tomatensoße auf den Teig gegossen. | *mit den Handflächen kreisend über den Rücken streichen und die „Soße“ verteilen* |
| Nun sind die leckeren Zutaten dran.<br>Wir verteilen Schinken, Pilze, Oliven und Paprika auf der Pizza. | *mit Daumen und Zeigefingern die imaginären Zutaten auf dem Rücken verteilen und sanft in die „Pizza“ drücken* |
| Zum Schluss kommt noch der Käse. Lasst ihn langsam auf die Pizza rieseln. | *mit den Fingern das leichte Rieseln des imaginären Käses nachahmen* |
| Danach kommt die Pizza in den warmen Ofen und wird gebacken. | *die Hände zunächst aneinanderreiben, damit sie warm werden, dann die Handflächen mit leichtem Druck auf den Rücken legen, sodass die Kinder die Wärme spüren* |

# *Klatschreime*

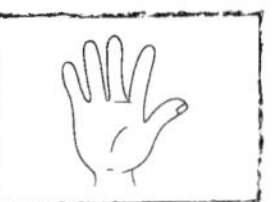

*Thema:* Rhythmusgefühl, Ziel- und Bewegungsgenauigkeit
*Material:* –
*Sozialform:* Partnerarbeit
*Klasse:* 1/2

*Anleitung:*

Die Kinder finden sich zu Paaren zusammen und stellen sich einander gegenüber auf. Dann sagen sie im Chor die Reime auf und klatschen dazu in der unten vorgegebenen Abfolge in die Hände. Führen Sie den Kindern zunächst die Bewegungen vor. Wenn der Reim und die passenden Bewegungen gefestigt sind, können die Kinder die Klatschspiele selbstständig durchführen.

*Differenzierung:*

○ Die Kinder denken sich eigene Klatschbewegungen zu den Reimen aus.
□ Die Kinder versuchen, die Klatschspiele zu viert auszuführen.
△ Die Kinder denken sich eigene Klatschreime/-spiele aus.

**Die Kastanien falln vom Baum**

Die Kastanien falln vom Baum, Baum, Baum.
Da gehen wir alle schaun, schaun, schaun.
Wir nehmen Tüten mit, mit, mit
und sammeln sie zu dritt, dritt, dritt.
Dann gehen wir nach Haus, Haus, Haus
und basteln draus 'ne Maus, Maus, Maus.

**Wir gehn jetzt in den Zoo**

Wir gehn jetzt in den Zoo, Zoo, Zoo.
Da sind wir alle froh, froh, froh.
Wir wolln die Affen sehn, sehn, sehn,
wie sie im Kreise gehn, gehn, gehn.
Und auch die Löwen sind, sind, sind
spannend für jedes Kind, Kind, Kind.

Pro Zeile wird wie folgt geklatscht:
einmal in die eigenen Hände,
einmal die rechten Hände gegeneinander,
einmal in die eigenen Hände,
einmal die linken Hände gegeneinander,
einmal in die eigenen Hände,
dreimal beide Hände gegeneinander.

**Der Zwerg auf dem Berg**

Dort oben auf dem Berg, Berg, Berg,
da steht ein kleiner Zwerg, Zwerg, Zwerg.
Der hat 'ne Mütze auf, auf, auf
mit einem Bommel drauf, drauf, drauf.
Der Zwerg geht in sein Haus, Haus, Haus
und guckt zum Fenster raus, raus, raus.

**Ein kugelrundes Schwein**

Ein kugelrundes Schwein, Schwein, Schwein,
das wollt' gern dünner sein, sein, sein.
Es fraß sich nicht mehr satt, satt, satt.
Wurd' dürr, doch auch ganz matt, matt, matt.
Drum, liebes Schwein, bleib rund, rund, rund,
sonst gleichst du einem Hund, Hund, Hund.

# Fingerspiel: „Im Rhythmus“

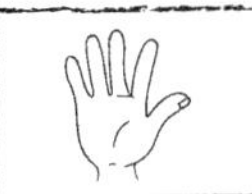

*Thema:* Rhythmusgefühl, Koordination, Konzentration, Ziel- und Bewegungsgenauigkeit
*Material:* –
*Sozialform:* Plenum (z. B. Sitzkreis)
*Klasse:* 1–4

*Anleitung:*

Die Kinder sitzen im Sitzkreis. Nun klatschen und schnipsen Sie rhythmisch in einer bestimmten Reihenfolge und machen weitere Bewegungen mit den Händen, die die Kinder nachahmen müssen. Wiederholen Sie den Rhythmus so lange, bis alle Kinder mit in das Fingerspiel einsteigen können.

Hier ein Beispiel für eine mögliche Bewegungsabfolge:
zweimal in die Hände klatschen,
einmal auf die Oberschenkel klatschen,
einmal mit den Fingern schnipsen,
dreimal an den Ohrläppchen ziehen,
viermal in die Hände klatschen,
einmal mit beiden Händen winken ...

Die Bewegungsabfolge und auch der Rhythmus können beliebig variiert werden.

*Differenzierung:*

○ Die Kinder müssen sich die Bewegungsabfolge einprägen und selbstständig durchführen.

□ Je variationsreicher und schneller die Abfolge der Bewegungen ist, desto schwieriger wird es, sie sich zu merken.

△ Die Kinder denken sich eigene Bewegungsabfolgen aus und führen sie den anderen Kindern vor. Die anderen Kinder müssen dann die Bewegungsabfolge nachahmen.

---

# Fingerspiel: „Hand, pass auf!“

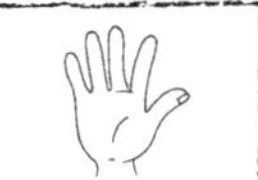

*Thema:* Rhythmusgefühl, Konzentration, Koordination
*Material:* –
*Sozialform:* Plenum (z. B. Sitzkreis)
*Klasse:* 1–4

*Anleitung:*

Die Kinder sitzen im Sitzkreis möglichst eng beieinander. Jedes Kind legt seine Hände auf die Oberschenkel seines Sitznachbarn (d. h. linke Hand auf den rechten Oberschenkel des linken Nachbarn und rechte Hand auf den linken Oberschenkel des rechten Nachbarn). Beginnen Sie das Spiel, indem Sie Ihrem rechten Sitznachbarn sanft mit Ihrer rechten Hand auf das linke Bein klopfen. Ihr Sitznachbar gibt das Klopfzeichen dann in gleicher Weise an seinen rechten Sitznachbarn weiter. So geht es reihum.

*Differenzierung:*

○ Wenn ein Mitspieler das Weitergeben des Klopfzeichens vergisst bzw. zu spät reagiert, scheidet die entsprechende Hand aus. So geht es immer weiter, sodass immer weniger Hände im Spiel sind.

□ Wenn das Klopfzeichen zweimal ausgeführt wird, ändert sich die Richtung und die Kinder müssen mit ihrer linken Hand klopfen.

△ Je schneller das Spiel durchgeführt wird, desto schwieriger wird es.

# Fingerspiel: „Familie Maus“

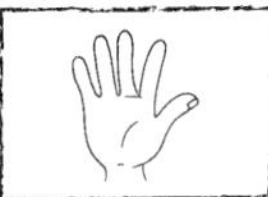

*Thema:* Fingerübung, Handlockerung, Beweglichkeit
*Material:* –
*Sozialform:* Plenum (z. B. Sitzkreis)
*Klasse:* 1/2

*Anleitung:*

Der Reim (siehe unten) wird zunächst von Ihnen langsam und betont vorgesprochen und mit den entsprechenden Bewegungen untermalt. Die Kinder sprechen den Reim im Chor mit und ahmen die Bewegungen nach.

*Differenzierung:*

○ Die Reime und Bewegungen werden erst langsam und Vers für Vers vorgesprochen und vorgemacht.
□ Wenn der Text und die Bewegungen gefestigt sind, kann das Sprech- und Spieltempo erhöht werden.
△ Schließlich können die Kinder das Fingerspiel selbstständig durchführen.

| Reim | Bewegungen |
|---|---|
| Das ist Vater Maus, | *den Daumen zeigen* |
| sieht wie alle Mäuse aus. | *mit dem Zeige- und Mittelfinger eine Laufbewegung andeuten* |
| Hat große Ohren, | *mit den Händen imaginäre große Ohren hinter dem Kopf formen* |
| eine spitze Nase, | *beide geballten Hände als imaginäre spitze Nase vor die eigene Nase halten* |
| ein weiches Fell | *mit der einen Hand über die andere streicheln* |
| und einen Schwanz, | *mit dem Zeigefinger einen wackelnden Mäuseschwanz andeuten* |
| der ist soooo lang. | *mit den Händen die Länge des Mäuseschwanzes andeuten* |
| Das ist Mutter Maus, | *den Zeigefinger zeigen* |
| ... (den Text von oben wiederholen) | *... (die Bewegungen von oben wiederholen)* |
| Das ist Bruder Maus, | *den Mittelfinger zeigen* |
| ... (den Text von oben wiederholen) | *... (die Bewegungen von oben wiederholen)* |
| Das ist Schwester Maus, | *den Ringfinger zeigen* |
| ... (den Text von oben wiederholen) | *... (die Bewegungen von oben wiederholen)* |
| Das ist Baby Maus, | *den kleinen Finger zeigen* |
| sieht nicht wie alle Mäuse aus, | *den kleinen Finger verneinend schütteln* |
| hat kleine Ohren, | *mit dem Daumen und Zeigefinger die imaginären kleinen Ohren nachbilden* |
| ein winziges Näschen, | *nur eine geballte Hand an die eigene Nase halten* |
| ein nasses Fell | *die Hände schütteln, als wären sie nass* |
| und einen Schwanz, | *mit dem Zeigefinger einen wackelnden Mäuseschwanz andeuten* |
| der ist soooo kurz. | *mit dem Daumen und Zeigefinger die Kürze des Mäuseschwanzes andeuten* |

# Fingerspiel: „Der Regenwurm“

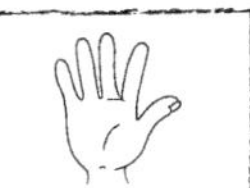

*Thema:* Fingerübung, Handlockerung, Beweglichkeit
*Material:* –
*Sozialform:* Plenum (z. B. Sitzkreis)
*Klasse:* 1/2

*Anleitung:*
Der Reim (siehe unten) wird zunächst von Ihnen langsam und betont vorgesprochen und mit den entsprechenden Bewegungen untermalt. Die Kinder sprechen den Reim im Chor mit und ahmen die Bewegungen nach.

*Differenzierung:*
○ Die Reime und Bewegungen werden erst langsam und Vers für Vers vorgesprochen und vorgemacht.
□ Wenn der Text und die Bewegungen gefestigt sind, kann das Sprech- und Spieltempo erhöht werden.
△ Schließlich können die Kinder das Fingerspiel selbstständig durchführen.

| **Reim** | **Bewegungen** |
|---|---|
| Ein Regenwurm, ganz lang und krumm, | *mit den beiden Zeigefingern die Länge des Regenwurmes andeuten* |
| kroch mal in seinem Erdloch rum. | *mit dem Zeigefinger eine Kriechbewegung andeuten* |
| Er kroch hinauf und auch bergab, | *mit dem Zeigefinger eine Kriechbewegung nach oben und nach unten machen* |
| so gings voran im Zick und Zack. | *mit dem Zeigefinger eine Kriechbewegung im Zickzack machen* |
| Dann kroch er auch, ein bisschen dumm, | *mit dem Zeigefinger eine Kriechbewegung machen und an die Stirn tippen* |
| einmal im großen Kreis herum. | *mit den Händen einen großen Kreis formen* |
| Der nächste Gang war eine Acht, | *mit dem Zeigefinger eine Acht in die Luft zeichnen* |
| da musste er durch, denn es war bald Nacht. | *die Hand vor die Augen halten* |
| Er wollte so gerne schlafen gehen | *die Hand vor den gähnenden Mund halten* |
| und endlich sein kleines Bett erspähen. | *die Hände falten und an die Wange legen* |
| So kroch er voran, Stund um Stund, | *mit dem Zeigefinger auf eine imaginäre Uhr am Handgelenk zeigen und kreisende Bewegungen im Uhrzeigersinn machen* |
| bis die Sonne am Himmel stand ganz rund. | *mit den Händen eine große Sonne am Himmel zeigen* |
| Fürs Bett war es nun doch zu spät, | *auf die imaginäre Uhr am Handgelenk gucken und verneinend mit dem Zeigefinger wackeln* |
| in Zukunft braucht der Wurm wohl ein Regenwurmbettsuchgerät. | *mit dem imaginären „Regenwurmbettsuchgerät“ das „Bett“ suchen* |

# Fingerplays

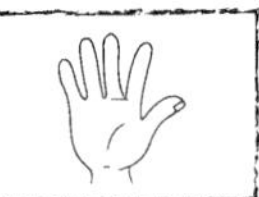

*Thema:* englische Kindereime („nursery rhymes“) mit den Fingern nachspielen
*Material:* –
*Sozialform:* Plenum (z. B. Sitzkreis)
*Klasse:* 1–4

*Anleitung:*

Die englischen Kinderreime werden zunächst von Ihnen langsam und betont vorgesprochen und mit den entsprechenden Bewegungen untermalt. Die Kinder sprechen die Reime im Chor mit und ahmen die Bewegungen nach.

*Differenzierung:*

○ Die Reime und Bewegungen erst langsam und Vers für Vers vorsprechen und vormachen.
□ Wenn Text und Bewegungen gefestigt sind, kann das Sprech- und Spieltempo erhöht werden.
△ Schließlich können die Kinder die „Fingerplays“ selbstständig durchführen.

**Fingers, fingers everywhere**

| | |
|---|---|
| Fingers, fingers everywhere, | *die Hände hochhalten und mit den Fingern wackeln* |
| fingers blinking in the air, | *die Hände wie Sterne am Himmel aufblinken lassen* |
| fingers making little holes, | *die Finger zu kleinen Kreisen zusammenführen* |
| fingers tying little bows, | *mit den Fingern eine imaginäre Schleife binden* |
| fingers learning to button and snap, | *mit den Fingern einen imaginären Knopf zumachen und anschließend mit den Fingern schnipsen* |
| fingers on hands that like to clap. | *mit den Händen klatschen* |

**Ten little fingers**

| | |
|---|---|
| I have ten little fingers, and they all belong to me. | *alle zehn Finger hochhalten* |
| I can make them do things. Would you like to see? | *mit den Fingern wackeln* |
| I can shut them up tight or open them wide. | *die Finger schließen und öffnen* |
| I can put them together, | *die Hände verschränken* |
| or make them all hide. | *die Hände hinter dem Rücken verstecken* |
| I can make them jump high, | *die Hände hoch in die Luft werfen* |
| I can make them jump low. | *die Hände tief nach unten hängen lassen* |
| I can fold them up quietly and hold them just so. | *die Hände vor dem Bauch falten* |

**Miss Polly had a dolly**

| | |
|---|---|
| Miss Polly had a dolly who was sick, sick, sick. | *imaginäre Puppe auf den Händen schaukeln* |
| So she called for the doctor | *mit der Hand telefonieren* |
| to come quick, quick, quick! | *mit der Hand schnell zu sich heranwinken* |
| The doctor came | *mit Zeige- und Mittelfinger eine Laufbewegung andeuten* |
| with his bag and his hat. | *mit den Händen die Tasche und den Hut andeuten* |
| And he knocked at the door with a rat-a-tat-tat! | *eine Faust ballen und das Klopfen an der Tür im Takt andeuten* |
| He looked at the dolly | *Zeigefinger an das Kinn halten, streng gucken* |
| and he shook his head. | *die Hände zum Kopf führen und mit dem Kopf schütteln* |
| And he said „Miss Polly, | *mit dem Zeigefinger ‚Na, na, na!‘ machen* |
| put her straight to bed.“ | *beide Hände gefaltet an die Wange legen* |
| He wrote out a paper | *auf der Handfläche schreiben* |
| for a pill, pill, pill. | *eine imaginäre Tablette an den Mund führen* |
| „I'll be back in the morning | *einen imaginären Hut lüften* |
| with the bill, bill, bill.“ | *Handfläche aufhalten und mit dem Zeigefinger hineinzeigen* |

# Fingerraten

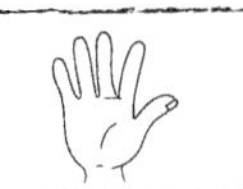

*Thema:* Fingersensibilität
*Material:* evtl. eine Feder
*Sozialform:* Partnerarbeit
*Klasse:* 1/2

*Anleitung:*

Die Kinder finden sich zu Paaren zusammen. Eines der Kinder schließt die Augen und hält seine Hände vor sich ausgestreckt. Das andere Kind muss nun einen Finger des Kindes berühren. Das Kind mit den geschlossenen Augen muss erraten und benennen, welchen Finger (z. B. rechter Ringfinger, linker Daumen) sein Partner berührt hat. Nach einiger Zeit werden die Rollen gewechselt.

*Differenzierung:*

○ Die Finger werden nur ganz leicht und kurz berührt (z. B. mit einer Feder).

□ Es werden mehrere Finger in schneller Abfolge berührt. Das Kind muss sich die berührten Finger merken und anschließend in der richtigen Reihenfolge nennen.

△ Die Kinder benennen ihre Finger mit den englischen Begriffen, die sie zuvor z. B. mit diesem traditionellen, englischen Kinderlied erlernt haben:

TALL MAN

RING MAN

POINTER

BABY SMALL

THUMBKIN

**Fingerplay: „Where is thumbkin?"**

(Melodie: „Bruder Jakob"; Text: Traditionell)

1. Where is thumb-kin? Where is thumb-kin?

Here I am, here I am. How are you this mor-ning?

Ve-ry well, thank you. Run a-way, run a-way.

**2.** Where is pointer? ...
**3.** Where is tall man? ...
**4.** Where is ring man? ...
**5.** Where is baby small? ...

# Formenraten

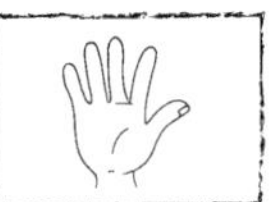

*Thema:* Fingersensibilität, Ausführung feiner Bewegungen, Präzision des Spürens
*Material:* –
*Sozialform:* Partnerarbeit
*Klasse:* 1/2

*Anleitung:*

Die Kinder finden sich zu Paaren zusammen und setzen oder stellen sich einander gegenüber. Eines der Kinder schließt die Augen und hält dem Partner seine Hände mit den Handflächen nach oben hin. Nun „malt/schreibt" das andere Kind mit seinem Zeigefinger verschiedene Formen (z. B. geometrische Formen, einfache Bilder wie Haus, Ball, Sonne usw.) in die Handflächen. Das Kind mit den geschlossenen Augen muss erraten, was in seine Handfläche gemalt/geschrieben wurde. Nach einiger Zeit werden die Rollen gewechselt.

*Differenzierung:*

○ Die Kinder müssen in einem vorgegebenen Zeitraum so viele Begriffe wie möglich erraten. Die Begriffe werden mit Bild-Wort-Karten vorgegeben (Beispiele siehe unten). Sie können auch bestimmte Kategorien vorgeben, wie z. B. Obstsorten und Tiere.

□ Alle Kinder stellen sich in einer Reihe auf und geben den Begriff wie bei dem Spiel „Stille Post" von Hand zu Hand weiter. Die Begriffe werden mit Bild-Wort-Karten vorgegeben (Beispiele siehe unten).

△ Die Kinder schreiben Buchstaben oder Zahlen in die Handflächen.

Beispiele: „Bild-Wort-Karten"

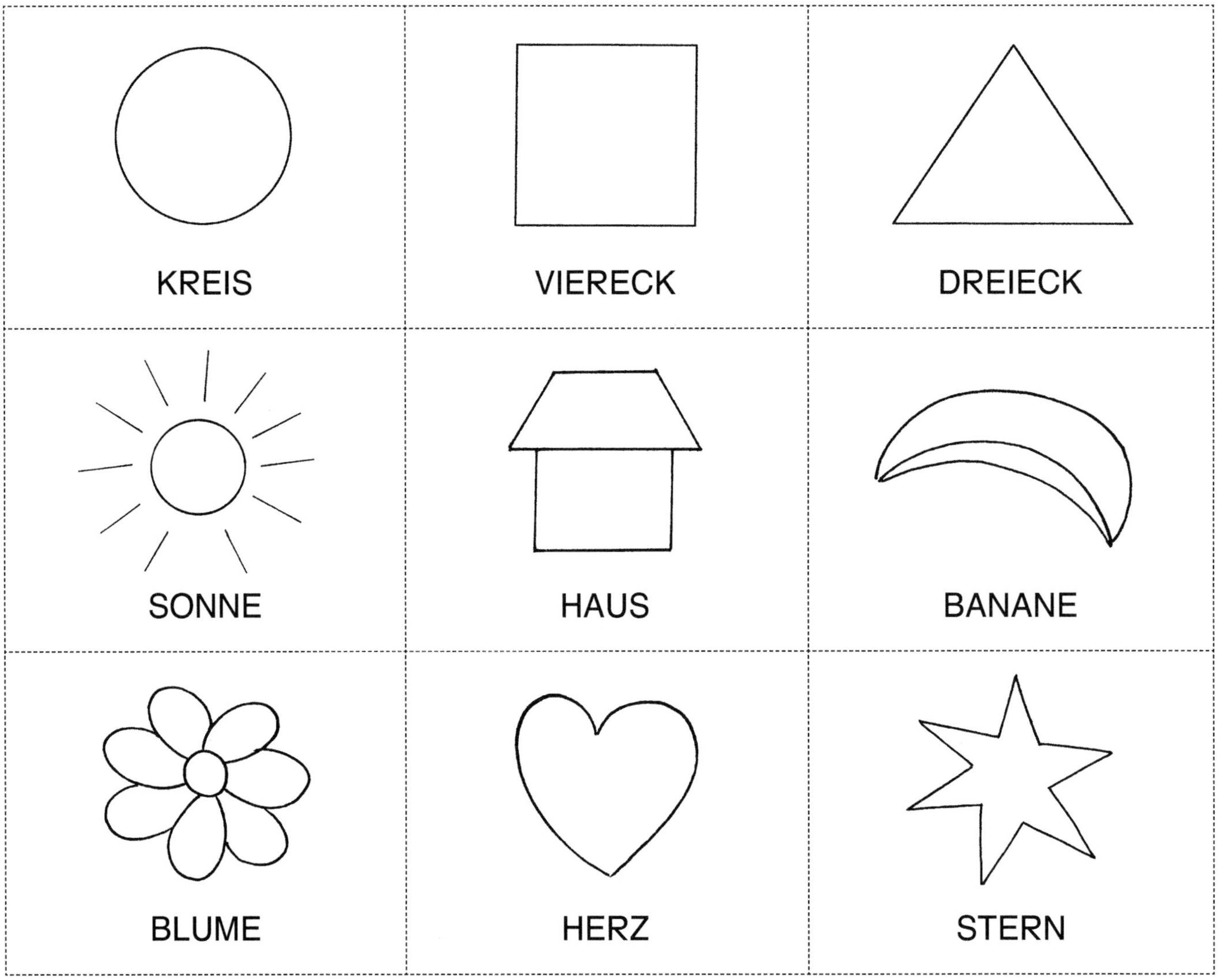

| | | |
|---|---|---|
| KREIS | VIERECK | DREIECK |
| SONNE | HAUS | BANANE |
| BLUME | HERZ | STERN |

# Fingerpantomime

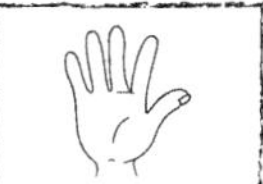

*Thema:* Fingerbeweglichkeit, Präzision der Bewegung
*Material:* –
*Sozialform:* Partnerarbeit oder Plenum (z. B. Sitzkreis)
*Klasse:* 1/2

*Anleitung:*

Die Kinder bilden Paare oder setzen sich im Sitzkreis zusammen. Nun stellt ein Kind mit seinen Fingern bzw. Händen einen Gegenstand (Brille, Buch, Stift, Schere, Messer usw.), eine Handlung (Fenster öffnen, Brot schneiden, Laufen, Auto fahren usw.), ein Tier (Vogel, Schlange, Spinne usw.) oder Begriffe aus anderen Kategorien (Obstsorten, Lieblingsessen, Berufe, Kleidungsstücke usw.) dar. Die Begriffe dürfen nur mit den Fingern bzw. Händen dargestellt werden. Die anderen Kinder müssen erraten, welchen Begriff das Kind darstellt.

*Differenzierung:*

- ○ Die Kinder stellen Begriffe mit von Ihnen vorgegebenen Anfangsbuchstaben dar.
- □ Die Begriffe werden zusammen mit einem Partner dargestellt.
- △ Die Kinder können z. B. in Zweiergruppen gegeneinander antreten. Die Begriffe, die zu erraten sind, werden von Ihnen oder einem Kind vorgegeben. Welche Gruppe errät in einem vorgegebenen Zeitraum die meisten Begriffe?

---

# Finger-ABC

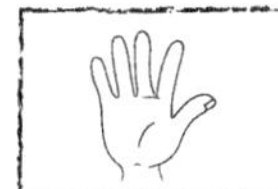

*Thema:* Fingerbeweglichkeit, Präzision der Bewegung
*Material:* –
*Sozialform:* Partnerarbeit
*Klasse:* 1/2

*Anleitung:*

Die Kinder finden sich zu Paaren zusammen und stellen sich einander gegenüber auf. Nun stellt ein Kind mit seinen Fingern verschiedene Buchstaben dar, die sein Partner erraten muss. Nach einiger Zeit werden die Rollen gewechselt.

*Differenzierung:*

- ○ Der Partner muss zu dem erratenen Buchstaben ein Wort mit dem passenden Anfangsbuchstaben nennen.
- □ Die Kinder bilden mit ihren Fingern einfache Wörter, die der Partner erraten muss.
- △ Die Kinder übermitteln sich mit dem Finger-ABC „geheime Botschaften" oder Anweisungen („Spring hoch!", „Schau nach links!" usw.), die der Partner befolgen muss.

# Einhändig

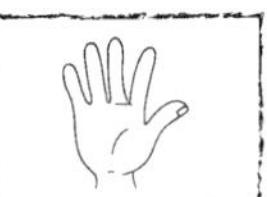

| | |
|---|---|
| *Thema:* | Handgeschicklichkeit, Fingerfertigkeit |
| *Material:* | – |
| *Sozialform:* | Partnerarbeit |
| *Klasse:* | 1–4 |

*Anleitung:*

Die Kinder finden sich zu Paaren zusammen. Nun stellt ein Kind dem anderen Aufgaben, die es mit nur einer Hand erledigen darf, wie z. B. einen Stift aus dem Etui nehmen, eine Wasserflasche aufdrehen, ein Glas mit einem Schraubverschluss verschließen, ein Buch aus dem Regal nehmen, ein Stück Papier in der Mitte falten. Nach einiger Zeit wechseln die Kinder die Rollen.

*Differenzierung:*

○ Die Kinder wechseln zwischen ihrer linken und rechten Hand bzw. benutzen ihre nicht dominante Hand.

□ Die Kinder versuchen, mit einer Hand den Reißverschluss ihrer Jacke zu schließen.

△ Die Kinder versuchen, mit einer Hand eine Schleife zu binden.

# Handschuh

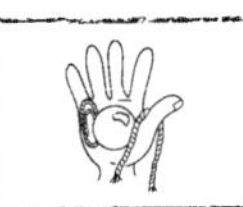

| | |
|---|---|
| *Thema:* | Handgeschicklichkeit, Fingerfertigkeit |
| *Material:* | dicke Handschuhe |
| *Sozialform:* | Partnerarbeit |
| *Klasse:* | 1/2 |

*Anleitung:*

Die Kinder finden sich zu Paaren zusammen. Eines der Kinder zieht sich die Handschuhe an. Der Partner muss dem Kind nun verschiedene Aufgaben stellen, die es mit den Handschuhen erledigen soll. Die Aufgaben können z. B. wie folgt aussehen:

- ein Buch aus einem Regal holen
- einen Turm aus Stiften, Holzklötzen usw. bauen
- ein Bild (Vogel, Smiley usw.) malen
- Stifte in ein Etui einordnen
- eine Schleife binden
- eine Vorlage mit der Schere sauber ausschneiden (Beispielvorlage siehe z. B. Seite 34)
- einen geraden Strich mit einem Lineal zeichnen
- ein Glas mit einem Schraubverschluss verschließen
- einen Faden in eine Nadel einfädeln
- ...

*Differenzierung:*

○ Je filigraner die Aufgaben sind (z. B. einen Faden in eine Nadel einfädeln), desto schwieriger wird die Übung.

□ Die Kinder können auch gegeneinander antreten. Wer schafft es als Erster, die Aufgabe zu lösen?

△ Die Kinder müssen die Aufgaben zu zweit durchführen. Dabei darf jedes Kind nur eine Hand benutzen.

# Schraubverschluss

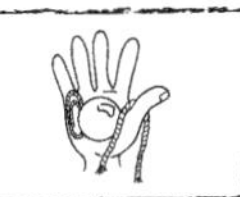

*Thema:* Handgeschicklichkeit, Ziel- und Bewegungsgenauigkeit
*Material:* verschiedene leere Gläser mit Schraubverschluss (z. B. Marmeladengläser)
*Sozialform:* Einzel- oder Partnerarbeit
*Klasse:* 1/2

*Anleitung:*

Die Kinder absolvieren die Übung in Einzelarbeit oder finden sich zu Paaren zusammen. Vor ihnen steht eine Auswahl von leeren Gläsern mit Schraubverschluss. Die Verschlüsse liegen vermischt vor den Gläsern. Nun müssen die Kinder so schnell wie möglich die passenden Verschlüsse finden und auf die Gläser schrauben.

*Differenzierung:*

○ Jedes Kind erhält eine gleiche Anzahl von Gläsern und Verschlüssen. Wer schafft es als Erster, alle Gläser mit den passenden Verschlüssen zu verschließen?

□ Den Verschlüssen werden einige hinzugefügt, die auf keins der Gläser passen.

△ Die Kinder dürfen die Aufgabe nur mit einer Hand durchführen. Dabei wird zwischen der rechten und der linken Hand gewechselt.

# Sammelleidenschaft

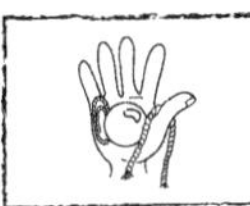

*Thema:* Ausführung präziser Bewegungen, Handgeschicklichkeit
*Material:* kleine Gegenstände, wie z. B. Spielfiguren, Streichhölzer (aus Sicherheitsgründen am besten ohne Kopf), Büroklammern
*Sozialform:* Einzel- oder Partnerarbeit
*Klasse:* 1–4

*Anleitung:*

Die Kinder finden sich zu Paaren zusammen oder absolvieren die Übung in Einzelarbeit. Sie haben eine bestimmte Menge kleiner Gegenstände (Vorschläge siehe oben) vor sich liegen. Nun müssen sie die Gegenstände mit einer Hand einsammeln und gleichzeitig in derselben Hand festhalten. Die Gegenstände sollen dabei möglichst nicht aus der Hand fallen.

*Differenzierung:*

○ Wer schafft es, auf diese Weise die meisten Gegenstände einzusammeln und in derselben Hand festzuhalten? Bei der Übung wird abwechselnd die linke und die rechte Hand benutzt und so auch die nicht dominante Hand trainiert.

□ Die Kinder haben einige Spielfiguren vor sich liegen (z. B. vier bis sechs Stück – die Anzahl hängt von der Handgröße der Kinder ab). Nun müssen sie die Figuren einsammeln und gleichzeitig in derselben Hand behalten. Anschließend müssen sie mit derselben Hand versuchen, die Spielfiguren wieder hinzustellen.

△ In gleicher Art und Weise können die Kinder Streichhölzer einsammeln und anschließend wieder hinlegen. Dabei können sie z. B. kleine Bilder (Viereck, Haus usw.) mit den Streichhölzern legen.

# Meister im Schleifenbinden

*Thema:* Handgeschicklichkeit, Bewegungsgenauigkeit
*Material:* Schnürschuhe (entweder die Schuhe der Kinder oder evtl. eine Sammlung alter Schuhe)
*Sozialform:* Partnerarbeit
*Klasse:* 1/2

*Anleitung:*

Die Kinder finden sich zu Paaren zusammen. Jedes Kind hat einen Schuh vor sich stehen. Nun müssen die Kinder eine Schleife in die Schnürsenkel binden. Wer hat die Schleife als Erster fertig gebunden?

*Differenzierung:*

○ Wer schafft es, die meisten Schleifen in einem vorgegebenen Zeitraum zu binden?

□ Die Kinder versuchen, eine Schleife in Partnerarbeit zu binden. Jeder darf nur eine Hand benutzen. Bei der Übung wird zwischen der linken und der rechten Hand abgewechselt.

△ Die Kinder müssen zunächst den Schnürsenkel in alle Löcher des Schuhs einfädeln, bevor sie die Schleife binden.

**Tipp**

Statt der Schnürschuhe können Sie auch ein Stück Pappe (z. B. Bierdeckel) benutzen und dort zwei Löcher hineinstanzen. Fädeln Sie dann einfach einen Schnürsenkel durch die beiden Löcher, sodass die Kinder ihn dann zu einer Schleife binden können. Die Kinder können beim Basteln dieser Übungsvorrichtung helfen. Auch dies ist eine gute Übung für die Feinmotorik.

# Meister der Knoten

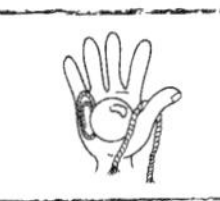

*Thema:* Handgeschicklichkeit, Bewegungsgenauigkeit
*Material:* pro Kind ein Seil, eine lange Kordel, ein Schnürsenkel o. Ä.
*Sozialform:* Partnerarbeit oder Plenum (z. B. Sitzkreis)
*Klasse:* 1/2

*Anleitung:*

Die Kinder bilden Paare oder sitzen im Sitzkreis. Jedes Kind erhält ein Seil. Welches Kind kann, in einer vorgegebenen Zeitspanne, die meisten Knoten in sein Seil knüpfen?

*Differenzierung:*

○ Die Kinder müssen auf Ihre Ansage hin eine bestimmte Anzahl von Knoten in ihr Seil knüpfen. Wer schafft es am schnellsten?

□ Wer kann einen Knoten mit nur einer Hand knüpfen? Dabei wird die Übung mal mit der rechten und mal mit der linken Hand, d. h. also auch mit der nicht dominanten Hand, ausgeführt.

△ Die Kinder versuchen, einen Knoten in Partnerarbeit zu knüpfen. Jeder darf dabei nur eine Hand benutzen.

# Knotenfühlen

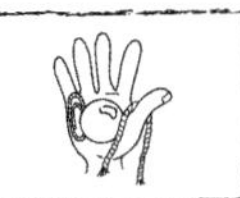

*Thema:* Tastsinn, Fingersensibilität
*Material:* pro Paar ein Seil, eine lange Kordel, ein Schnürsenkel o. Ä.
*Sozialform:* Partnerarbeit
*Klasse:* 1/2

*Anleitung:*

Die Kinder finden sich zu Paaren zusammen. Jedes Paar bekommt ein Seil. Nun knüpft eines der Kinder mehrere Knoten in ein Seil. Das andere Kind hat währenddessen die Augen geschlossen. Nun gibt ihm sein Partner das Seil in die Hände und es muss ertasten, wie viele Knoten in das Seil geknüpft wurden. Nach einiger Zeit werden die Rollen gewechselt.

*Differenzierung:*

- ○ Die Kinder dürfen die Knoten nur mit einer Hand (z. B. ihrer nicht dominanten Hand) ertasten.
- □ Beide Kinder erhalten gleichzeitig ein Seil mit derselben Anzahl an Knoten. Wer schafft es als Erster, die richtige Anzahl der Knoten zu ertasten?
- △ Die Kinder müssen beim Ertasten der Knoten Handschuhe tragen.

# Knotenrechnen

*Thema:* Tastsinn, Fingersensibilität, leichte Rechenaufgaben (Addition und Subtraktion)
*Material:* pro Paar zwei Seile, lange Kordeln, Schnürsenkel o. Ä.
*Sozialform:* Partnerarbeit
*Klasse:* 1/2

*Anleitung:*

Die Kinder finden sich zu Paaren zusammen. Jedes Paar bekommt zwei Seile. Nun schließt eines der Kinder die Augen, während das andere Kind mehrere Knoten in die beiden Seile knüpft. Dann reicht es dem Kind mit den geschlossenen Augen die beiden Seile. Dabei sagt es „plus“ oder „minus“, sodass das Kind weiß, ob es sich um eine Plus- oder Minusaufgabe handelt. Es ertastet die Knoten in den beiden Seilen und muss sie dann zusammenrechnen bzw. die kleinere Knotenanzahl von der größeren abziehen.

*Differenzierung:*

- ○ Die Kinder dürfen die Knoten nur mit einer Hand (z. B. ihrer nicht dominanten Hand) ertasten.
- □ Beide Kinder erhalten gleichzeitig ein Seil mit derselben Anzahl von Knoten. Wer schafft es als Erster, die richtige Anzahl der Knoten zu ertasten und die Plus- bzw. Minusaufgabe richtig zu rechnen?
- △ Die Kinder müssen beim Ertasten der Knoten Handschuhe tragen.

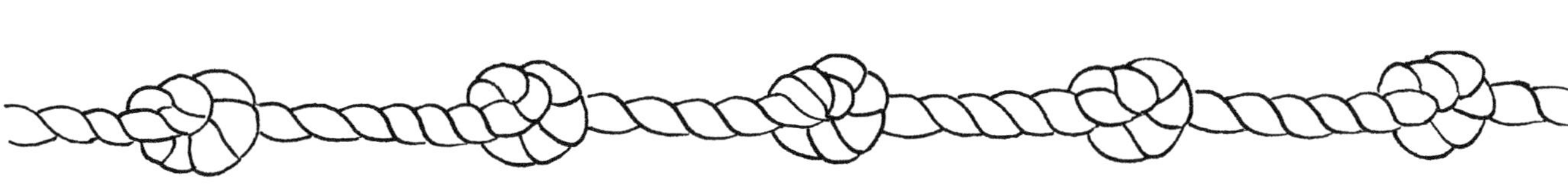

# Die Guten ins Töpfchen

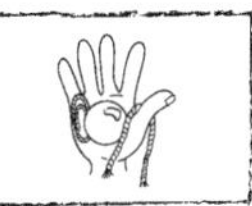

*Thema:* Handgeschicklichkeit, Ziel- und Bewegungsgenauigkeit, Präzision der Bewegung
*Material:* Knöpfe, Geldmünzen, bunte Papierschnipsel, getrocknete Erbsen und Linsen, Steinchen, Glas- oder Holzperlen und ähnliche kleine Gegenstände, die sortiert werden können, evtl. Pinzetten oder Essstäbchen und Schüsseln
*Sozialform:* Partner- oder Gruppenarbeit
*Klasse:* 1/2

*Anleitung:*

Die Kinder finden sich zu Paaren oder kleinen Gruppen (mit höchstens vier Mitspielern) zusammen. Jedes Kind erhält eine Mischung von kleinen Gegenständen in gleicher Anzahl (Vorschläge siehe oben), die nach ihren Eigenschaften mit der Hand sortiert werden müssen (z. B. nach Kategorie, Größe, Farbe, Material). Welches Kind schafft es als Erstes, seine Gegenstände zu sortieren?

**Hinweis:** Je kleiner die Gegenstände sind, desto schwieriger wird es, sie zu greifen.

*Differenzierung:*

○ Die Kinder dürfen nur eine Hand beim Sortieren benutzen. Dabei wird zwischen der linken und der rechten Hand gewechselt.

□ Die Gegenstände werden mit einer Pinzette oder Essstäbchen sortiert.

△ Die Gegenstände werden mit einer Pinzette oder Essstäbchen sortiert und müssen dabei in verschiedene Schüsseln gelegt werden.

# Pinzetten-/Essstäbchenlauf

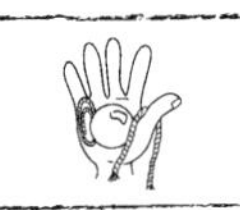

*Thema:* geschickter Umgang mit Pinzette/Essstäbchen, Handgeschicklichkeit
*Material:* Knöpfe, Geldmünzen, bunte Papierschnipsel, getrocknete Erbsen und Linsen, Steinchen, Glas- oder Holzperlen und ähnliche kleine Gegenstände, die mit Pinzetten/Essstäbchen transportiert werden können, Pinzetten oder Essstäbchen, Schüsseln
*Sozialform:* Plenum (z. B. im Klassenraum oder in der Turnhalle)
*Klasse:* 1–4

*Anleitung:*

Die Kinder stellen sich in einer Reihe auf. Am Anfang der Reihe steht eine Schüssel mit kleinen Gegenständen (Vorschläge siehe oben). Am Ende der Reihe steht eine leere Schüssel. Nun müssen die Gegenstände so schnell wie möglich von der vollen Schüssel zur leeren Schüssel transportiert werden. Dabei dürfen die Gegenstände nur mit der Pinzette bzw. den Essstäbchen angefasst und transportiert werden. Der Gegenstand wird so von Kind zu Kind weitergereicht und darf nicht herunterfallen. Wenn er herunterfällt, muss wieder am Anfang der Reihe begonnen werden.

**Hinweis:** Je kleiner die Gegenstände sind, desto schwieriger wird es, sie mit Pinzette oder Essstäbchen zu greifen.

*Differenzierung:*

○ Bei der Übung können zwei Gruppen gegeneinander antreten. Welche Gruppe schafft es als Erste, alle Gegenstände von der vollen Schüssel zur leeren Schüssel zu transportieren? Tipp: Die Übung kann noch erschwert werden, indem die Gegenstände in Flaschen statt in Schüsseln gefüllt werden müssen.

□ Die Kinder müssen wie bei einem Staffellauf zwischen den Schüsseln hin- und herlaufen.

△ Die Kinder müssen beim Transportieren mit Pinzette/Essstäbchen einen Parcours absolvieren (z. B. in Schlangenlinien um Pylonen laufen, über ein Hindernis steigen, an einem Seil entlangbalancieren, rückwärtslaufen).

# Gefühlvoll

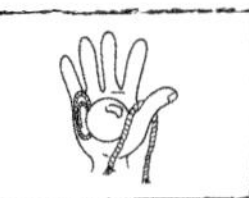

*Thema:* Tastsinn, Fingersensibilität
*Material:* Knöpfe, Geldmünzen, bunte Papierschnipsel, getrocknete Erbsen und Linsen, Steinchen, Glas- oder Holzperlen und ähnliche kleine Gegenstände, die durch Ertasten sortiert werden können, Schüsseln
*Sozialform:* Einzelarbeit
*Klasse:* 1–4

*Anleitung:*

Das Kind sitzt z. B. an seinem Arbeitsplatz und hat eine Schüssel mit verschiedenen Gegenständen (Vorschläge siehe oben) vor sich stehen. Es schließt die Augen und muss versuchen, die Gegenstände durch bloßes Ertasten nach ihren Eigenschaften zu sortieren (z. B. Kategorie oder Material).

*Differenzierung:*

○ Je ähnlicher sich die Gegenstände sind, desto schwieriger wird es, sie durch bloßes Ertasten zu unterscheiden bzw. zu sortieren.

□ Die Kinder müssen die Gegenstände in verschiedene Schüsseln sortieren. So müssen sie nicht nur die Gegenstände durch das Ertasten sortieren, sondern sich auch noch merken, in welche Schüssel der entsprechende Gegenstand gehört.

△ Tast-Memory: Die Kinder müssen unter den Gegenständen Paare finden.

# Sortiermaschine

*Thema:* Tastsinn, Fingersensibilität
*Material:* Gegenstände, die gut nach Größe oder Gewicht sortiert werden können (wie z. B. verschieden große und schwere Verpackungen, Dosen, Bücher, Steine)
*Sozialform:* Einzel- oder Partnerarbeit
*Klasse:* 1–4

*Anleitung:*

Die Kinder sitzen an ihrem Sitzplatz. Sie haben eine bestimmte Auswahl an Gegenständen vor sich liegen. Nun gibt es zwei Möglichkeiten:

1. Die Kinder müssen die Gegenstände nach ihrer Größe ordnen. Dafür schließen sie ihre Augen und ertasten dann die Größenunterschiede der Gegenstände. Dabei stellen sie die Gegenstände der Reihe nach von klein nach groß auf.
2. Die Kinder müssen die Gegenstände nach Gewicht sortieren. Die Gegenstände können vorher von Ihnen abgewogen werden und durch einen kleinen Aufkleber mit dem entsprechenden Gewicht beschriftet werden. So haben die Kinder am Ende der Übung die Möglichkeit der Selbstkontrolle. Nun schließen die Kinder ihre Augen und ertasten und schätzen die Gewichtsunterschiede zwischen den Gegenständen. Dabei stellen sie die Gegenstände der Reihe nach von leicht nach schwer auf.

*Differenzierung:*

○ Je geringer die Größen- bzw. Gewichtsunterschiede der zu ordnenden Gegenstände sind, desto schwieriger wird die Übung.

□ Wer schafft es am schnellsten, alle Gegenstände in der richtigen Reihenfolge zu ordnen?

△ Die Kinder können versuchen, das genaue Gewicht bzw. die Maße der Gegenstände zu schätzen. Durch Aufkleber auf den Gegenständen mit entsprechenden Gewichts- bzw. Zentimeterangaben haben die Kinder die Möglichkeit der Selbstkontrolle.

# Wanderrucksack

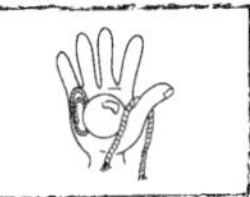

*Thema:* Handgeschicklichkeit, Balancegefühl
*Material:* kleine Säckchen gefüllt mit Sand, getrockneten Erbsen o. Ä.
*Sozialform:* Plenum (im Klassenraum, in der Turnhalle oder auf dem Schulhof)
*Klasse:* 1/2

*Anleitung:*

Jedes Kind erhält ein Säckchen, das es sich auf den ausgestreckten Handrücken legt. Nun müssen die Kinder auf Ihre Ansage hin bestimmte Bewegungen ausführen, ohne dass das Säckchen herunterfällt (z. B. einmal um einen Stuhl herumlaufen, in die Hocke gehen, rückwärts um einen Tisch herumlaufen, sich auf den Boden setzen und wieder aufstehen).

*Differenzierung:*

○ Die Kinder benutzen auf Ihre Ansage hin abwechselnd ihre linke und rechte Hand, sodass sie auch ihre nicht dominante Hand trainieren.

□ Die Kinder müssen bei dem Balanceakt einen Parcours absolvieren (z. B. Schlangenlinien um Pylonen laufen, rückwärts im Kreis laufen, über ein Hindernis steigen).

△ Die Kinder bilden Paare. Nun werden sie am Bein zusammengebunden und müssen gemeinsam den Parcours absolvieren, ohne dass ihre Säckchen herunterfallen.

# Wasserwaage

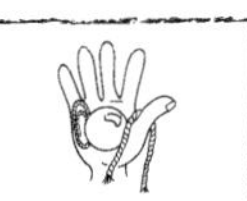

*Thema:* Handgeschicklichkeit, Balancegefühl
*Material:* mit Wasser gefüllte Papp- bzw. Plastikbecher
*Sozialform:* Plenum (am besten auf dem Schulhof)
*Klasse:* 1–4

*Anleitung:*

Die Kinder stellen sich entlang einer Startlinie auf. Jedes Kind erhält einen wassergefüllten Becher. Die Kinder strecken ihre Hand aus und stellen den Becher auf ihre Handfläche. Nun müssen sie den Becher auf ihrer Handfläche balancieren und dabei zu einer festgelegten Ziellinie gehen oder laufen. Der Becher darf dabei nicht herunterfallen und es darf möglichst kein Wasser herausschwappen. Wer erreicht als Erster die Ziellinie? Bei dieser Übung wechseln die Kinder ihre Hände, sodass sie auch ihre nicht dominante Hand trainieren.

*Differenzierung:*

○ Die Kinder müssen den Becher auf ihrem Handrücken balancieren.

□ Die Kinder müssen bestimmte Bewegungen während des Balanceakts ausführen (z. B. in die Hocke gehen, rückwärtslaufen, sich um sich selber drehen, auf einem Bein stehen) oder einen Parcours absolvieren (z. B. Schlangenlinien um Pylonen laufen, im Kreis laufen, über ein Hindernis steigen).

△ Die Kinder können auch in zwei Gruppen im Staffellauf gegeneinander antreten. Im Ziel müssen sie dann jeweils als Staffelübergabe das Wasser aus ihrem Becher in den des nächsten Kindes ihrer Gruppe füllen.

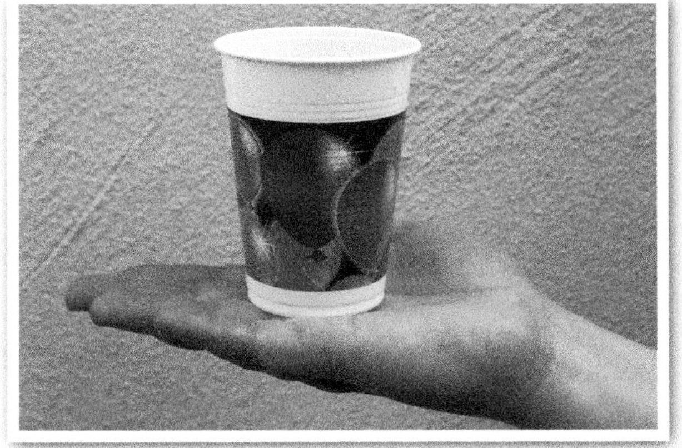

# Linealbalance

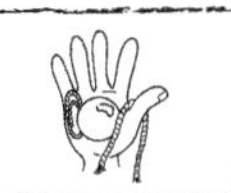

*Thema:* Handgeschicklichkeit, Balancegefühl
*Material:* Lineale, Gegenstände, die auf dem Lineal balanciert werden können (z. B. Radiergummi, Stift, kleiner Stein, Münze)
*Sozialform:* Partnerarbeit
*Klasse:* 1–4

*Anleitung:*

Die Kinder finden sich zu Paaren zusammen und stellen sich nebeneinander auf. Jedes Kind hat ein Lineal in der Hand und einen Gegenstand (Vorschläge siehe oben). Der Gegenstand wird auf das Ende des Lineals gelegt. Nun müssen die Kinder den Gegenstand so lange wie möglich auf dem Lineal balancieren, ohne dass dieser hinunterfällt. Wer schafft es, den Gegenstand am längsten zu balancieren?

*Differenzierung:*

○ Je runder (z. B. getrocknete Erbse, Tischtennisball) oder länger (z. B. Stift) der Gegenstand ist, desto schwieriger wird es, ihn auf dem Lineal zu balancieren.

□ Die Kinder müssen während des Balanceakts verschiedene Bewegungen ausführen (z. B. in die Knie gehen, um einen Stuhl herumlaufen, sich hinsetzen und wieder aufstehen).

△ Die Kinder können versuchen, sich gegenseitig die Lineale zu übergeben, ohne dass der Gegenstand herunterfällt.

---

# Lineallauf

*Thema:* Handgeschicklichkeit, Balancegefühl
*Material:* Lineale, Gegenstände zum Balancieren (z. B. Radiergummi, Stift, kleiner Stein, Münze, getrocknete Erbsen)
*Sozialform:* Plenum
*Klasse:* 1–4

*Anleitung:*

Die Kinder werden in zwei gleich große Gruppen aufgeteilt und stellen sich jeweils in einer Reihe auf. Das jeweils erste Kind in der Reihe hält ein Lineal in der Hand, auf dem es einen Gegenstand balanciert (Vorschläge siehe oben). Nun muss es das Lineal an das Kind neben sich weiterreichen, ohne dass der Gegenstand hinunterfällt. So geht es von Kind zu Kind weiter, bis das Ende der Reihe erreicht ist. Es gewinnt die Gruppe, deren Lineal zuerst am Ende der Reihe angelangt ist, ohne dass der Gegenstand heruntergefallen ist.

*Differenzierung:*

○ Je runder (z. B. getrocknete Erbse, Tischtennisball) oder länger (z. B. Stift) der Gegenstand ist, desto schwieriger wird es, ihn auf dem Lineal zu balancieren.

□ Die Kinder müssen während des Balanceakts zunächst eine Bewegung ausführen (z. B. in die Knie gehen, sich einmal um sich selber drehen), bevor sie das Lineal weiterreichen. Weitere Variationsmöglichkeit: Sie können auch Musik laufen lassen. Wenn die Musik stoppt, müssen alle Kinder in ihrer Bewegung innehalten und wie versteinert stehen bleiben. Erst wenn die Musik weiterläuft, geht auch der Balanceakt weiter.

△ Führen Sie das Spiel als Staffellauf durch! Dafür werden die bestehenden zwei Gruppen halbiert und stellen sich in einigem Abstand gegenüber in zwei Reihen auf. Nun müssen die Kinder zunächst mit dem Lineal zu ihrer gegenüberliegenden Gruppe/Reihe laufen und es dort an das nächste Kind in der Reihe übergeben, ohne dass der Gegenstand hinunterfällt. Dann läuft dieses Kind wiederum mit dem Lineal zur gegenüberliegenden Gruppe/Reihe und übergibt dort das Lineal an das nächste Kind. So geht es weiter, bis alle Kinder einmal die Seite gewechselt haben. Es gewinnt die Gruppe, die zuerst die Übung beendet hat.

# Das schwebende Papier

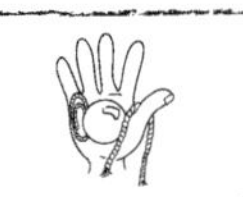

*Thema:* Handgeschicklichkeit, Balancegefühl
*Material:* Stifte oder Lineale, Papier
*Sozialform:* Partner-, Gruppenarbeit oder Plenum (z. B. in der Turnhalle)
*Klasse:* 1–4

*Anleitung:*

Jedes Kind erhält einen Stift oder ein Lineal und ein Blatt Papier. Nun nimmt es den Stift/das Lineal in die Hand und hängt das Blatt Papier darüber. Wer schafft es, durch den Raum zu gehen, ohne dass das Blatt Papier herunterfällt? Das Blatt darf dabei nicht mit der Hand berührt werden.
Wenn die Übung im Plenum gespielt wird, sollte sie am besten in der Turnhalle oder an einem ähnlichen Ort durchgeführt werden, an dem die Kinder genügend Bewegungsfreiheit haben. Wer das Blatt Papier verliert, muss wie angewurzelt stehen bleiben. Das Kind, das bis zum Schluss das Blatt Papier auf seinem Stift/Lineal balancieren konnte, gewinnt.

*Differenzierung:*

○ Die Kinder müssen verschiedene Bewegungen bei ihrem Balanceakt ausführen (z. B. in die Hocke gehen, sich um sich selber drehen, rückwärtslaufen).

□ Die Kinder müssen so schnell wie möglich von einem Punkt A zu Punkt B laufen. Wer schafft die Wegstrecke am schnellsten, ohne dass das Papier herunterfällt?

△ Die Kinder müssen bei dem Balanceakt einen Parcours absolvieren (z. B. Schlangenlinien um Pylonen laufen, rückwärts im Kreis laufen, über ein Hindernis steigen).

---

# Löffelchen

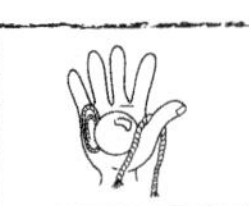

*Thema:* Handgeschicklichkeit, Balancegefühl
*Material:* Löffel, kleine Kugeln (z. B. Murmeln, Holzperlen, Flummi)
*Sozialform:* Partner-, Gruppenarbeit oder Plenum (z. B. in der Turnhalle)
*Klasse:* 1–4

*Anleitung:*

Jedes Kind erhält einen Löffel (einen Esslöffel oder, um die Übung zu erschweren, einen Teelöffel) und eine Murmel o. Ä. Nun nimmt das Kind den Löffel in die Hand und legt die Murmel darauf. Wer schafft es, mit dem Löffel durch den Raum zu gehen, ohne dass die Murmel herunterfällt?
Wenn die Übung im Plenum gespielt wird, sollte sie am besten in der Turnhalle oder an einem ähnlichen Ort durchgeführt werden, an dem die Kinder genügend Bewegungsfreiheit haben. Wer die Murmel verliert, muss wie angewurzelt stehen bleiben. Das Kind, das bis zum Schluss die Murmel auf seinem Löffel balancieren konnte, gewinnt.

*Differenzierung:*

○ Auf Ansage hin müssen die Kinder die Hand wechseln. So wird auch die nicht dominante Hand trainiert.

□ Die Kinder können sich auch in einer Reihe aufstellen. Dann erhält das erste Kind in der Reihe einen Löffel mit der Murmel und muss ihn an das nächste Kind weiterreichen, ohne dass die Murmel herunterfällt.

△ Die Kinder können die Murmel auch von einem Löffel zum anderen weiterreichen.

## Flaschentanz

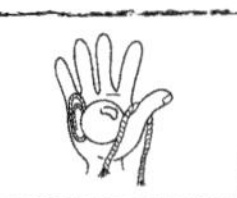

*Thema:* Handgeschicklichkeit, Balancegefühl
*Material:* Plastikflaschen, kleine Bälle (z. B. Tischtennisbälle, Flummis), Musik
*Sozialform:* Plenum (z. B. im Klassenraum, in der Turnhalle oder auf dem Schulhof)
*Klasse:* 1/2

*Anleitung:*

Jedes Kind erhält eine Flasche und einen kleinen Ball. Der Ball wird auf den Flaschenhals gelegt. Nun muss das Kind mit der Flasche in der Hand auf Ihre Ansage hin verschiedene Bewegungen ausführen, ohne dass der Ball herunterfällt (z. B. die Flasche von einer Hand zu anderen wechseln, in die Hocke gehen, über ein Hindernis steigen, sich auf den Boden setzen und wieder aufstehen, rückwärtslaufen).

*Differenzierung:*

○ Die Kinder müssen zu Musik mit der Flasche in der Hand tanzen. Dabei darf der Ball nicht herunterfallen. Wer schafft es am längsten, den Ball auf dem Flaschenhals zu balancieren?

□ Die Kinder laufen zu Musik mit der Flasche in der Hand im Raum herum (am besten in der Turnhalle) und balancieren dabei den Ball auf dem Flaschenhals. Dabei müssen sie sich gegenseitig ausweichen. Jedes Mal, wenn die Musik stoppt, müssen die Kinder sich einen Partner suchen und mit ihm die Flaschen tauschen, ohne dass der Ball hinunterfällt.

△ Die Kinder müssen bei dem Balanceakt einen Parcours absolvieren (z. B. Schlangenlinien um Pylonen laufen, rückwärts ein Seil entlanglaufen, über ein Hindernis steigen). Wer schafft es am schnellsten, durch den Parcours zu kommen, ohne dass der Ball vom Flaschenhals fällt?

---

## Spaghettiträger

*Thema:* Handgeschicklichkeit, Balancegefühl, exakte Kraftdosierung
*Material:* Spaghetti, Gegenstände zum Balancieren (z. B. ein Stück Pappe/Papier, Lineal, Stift)
*Sozialform:* Einzel-, Partnerarbeit oder Plenum
*Klasse:* 1–4

*Anleitung:*

Jedes Kind erhält drei Spaghetti. Nun legt es zwei der Spaghetti parallel zueinander vor sich hin und legt die dritte Spaghetti darauf (siehe Zeichnung). Dann muss es vorsichtig versuchen, die dritte Spaghetti mit den beiden parallelen Spaghetti (Spaghettiträger) hochzuheben. Wie weit kann es sich nun mit dem Spaghettiträger fortbewegen, ohne dass die Spaghetti herunterfällt? Dabei muss es auch darauf aufpassen, dass die Spaghetti nicht zerbrechen.

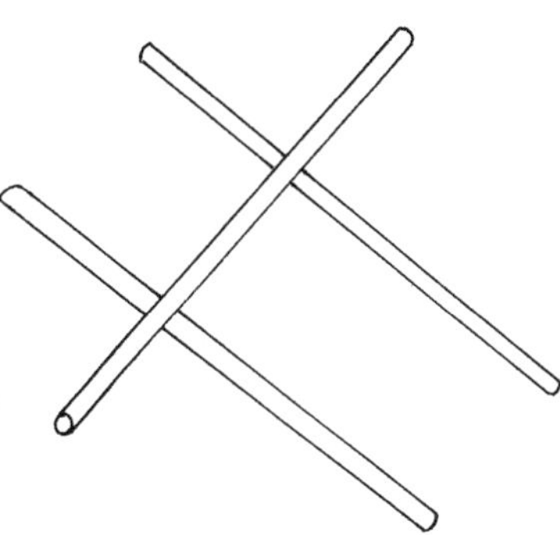

*Differenzierung:*

○ Die Kinder können unterschiedliche Gegenstände ausprobieren, die sie auf dem Spaghettiträger transportieren.

□ Die Kinder finden sich zu Paaren zusammen. Beide Kinder haben einen Spaghettiträger in ihren Händen. Eins der Kinder hat eine Spaghetti darauf liegen. Nun versucht es, die Spaghetti von seinem auf den Spaghettiträger des Partners zu manövrieren. Dabei darf die Spaghetti nicht herunterfallen.

△ Die Kinder stellen sich in einer Reihe auf. Das erste Kind in der Reihe hat den Spaghettiträger mit einer Spaghetti darauf in den Händen. Nun muss es versuchen, den Spaghettiträger dem nächsten Kind zu überreichen, ohne dass die Spaghetti (oder ein anderer Gegenstand) herunterfällt.

# Eine tragende Rolle

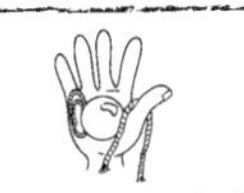

*Thema:* Handgeschicklichkeit, Balancegefühl
*Material:* lange Papprollen (z. B. von Küchenrollen), Murmeln (oder andere Kugeln)
*Sozialform:* Einzel- oder Partnerarbeit
*Klasse:* 1–4

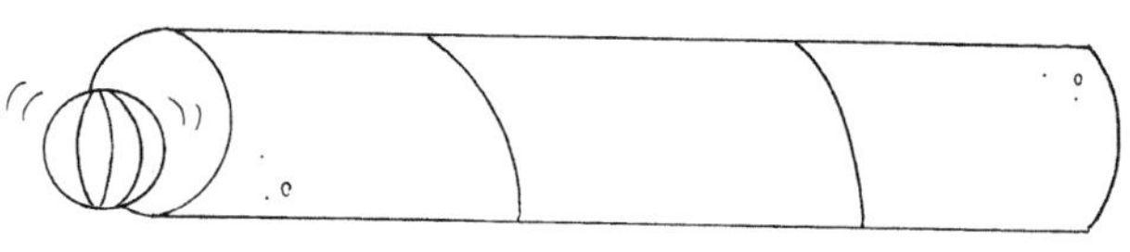

*Anleitung:*

Jedes Kind erhält eine Papprolle und eine Murmel. Die Murmel wird in die Rolle gelegt. Nun muss das Kind versuchen, die Rolle so gerade zu halten, dass die Murmel nicht hinausrollt. Es darf die offenen Enden der Rolle dabei nicht zuhalten oder die Murmel mit der Hand berühren. Zunächst bleiben die Kinder bei der Übung an ihrem Platz stehen. Nach einiger Zeit können sie dann versuchen, mit der Rolle in den Händen herumzulaufen, ohne dabei die Murmel zu verlieren.

*Differenzierung:*

○ Zuerst darf die Übung mit beiden Händen durchgeführt werden.

□ Dann darf nur noch eine Hand benutzt werden. Dabei wird zwischen rechter und linker Hand gewechselt, sodass beide Hände trainiert werden.

△ Die Kinder finden sich zu Paaren zusammen und stellen sich nebeneinander. Eines der Kinder hat die Rolle mit der Murmel in der Hand. Nun muss es versuchen, seinem Partner die Rolle zu übergeben, ohne dass die Murmel hinausrollt.

# Rohrpost

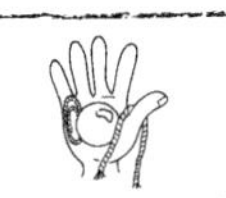

*Thema:* Handgeschicklichkeit, Balancegefühl
*Material:* lange Papprollen (z. B. von Küchenrollen), Murmeln (oder andere Kugeln)
*Sozialform:* Gruppenarbeit oder Plenum
*Klasse:* 1–4

*Anleitung:*

Die Kinder finden sich zu kleinen Gruppen zusammen und stellen sich im Kreis auf. Jedes Kind erhält eine Papprolle. Eines der Kinder erhält eine Murmel, die es in seine Papprolle steckt. Es muss die Papprolle so gerade halten, dass die Murmel nicht herausrollt. Nun versucht es, die Murmel an seinen Nachbarn in dessen Rolle zu übergeben, ohne dass die Murmel hinunterfällt. Dabei darf die Murmel nicht angefasst werden. Zunächst dürfen beide Hände zum Festhalten der Rolle benutzt werden. So geht es reihum, bis alle Mitspieler die Murmel einmal mit ihrer Rolle weitergereicht haben.

*Differenzierung:*

○ Schaffen die Kinder diese Übung auch mit nur einer Hand? Auf Ansage dürfen sie nur die rechte oder die linke Hand benutzen.

□ Die Kinder werden in zwei Gruppen aufgeteilt und stellen sich in zwei Reihen einander gegenüber auf. Nun treten die beiden Gruppen gegeneinander an. Welche Gruppe schafft es als Erste, die Murmel vom Anfang bis zum Ende der Reihe mit den Rollen weiterzureichen, ohne dass sie herunterfällt? Wenn die Murmel doch einmal herunterfällt, muss das Spiel wieder am Anfang der Reihe begonnen werden.

△ Die Übung kann auch als Staffellauf durchgeführt werden. Dann werden die beiden Gruppen noch einmal halbiert und stellen sich mit einigem Abstand voneinander gegenüber in einer Reihe auf. Nun muss das erste Kind in der Reihe die Murmel in der Rolle zu seinem gegenüberliegenden Mitspieler transportieren und sie dort in dessen Rolle übergeben. So geht es immer hin und her, bis alle Kinder die Übung absolviert haben.

# Balanceakt

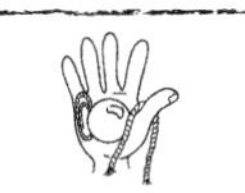

| | |
|---|---|
| *Thema:* | Handgeschicklichkeit, Balancegefühl |
| *Material:* | Pappe, kleine Bälle (z. B. Tischtennisbälle, Murmeln) |
| *Sozialform:* | Partnerarbeit oder Plenum (z. B. in der Turnhalle oder auf dem Schulhof) |
| *Klasse:* | 1–4 |

*Anleitung:*

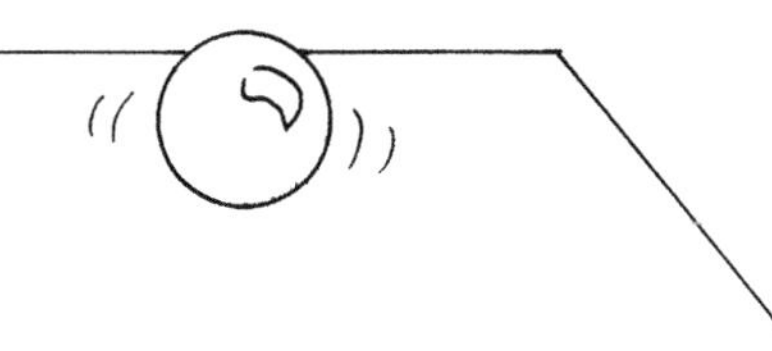

Die Kinder finden sich zu Paaren zusammen. Jedes Kind erhält ein Stück Pappe (ungefähr DIN-A4-Größe) und einen kleinen Ball. Nun müssen sie die Pappe in die Hände nehmen und den Ball darauf balancieren. Wer schafft es am längsten, den Ball auf der Pappe balancieren zu lassen, ohne dass er herunterfällt?

*Differenzierung:*

○ Wer schafft es, den Ball mit nur einer Hand auf der Pappe zu balancieren? Bei der Übung wird auch die nicht dominante Hand benutzt.

□ Wer schafft es, den Ball über eine längere Strecke auf der Pappe zu balancieren?

△ Die Kinder können im Plenum auch ein Wettrennen veranstalten. Wer schafft es am schnellsten, seinen Ball auf der Pappe von A nach B zu balancieren (z. B. in der Turnhalle oder auf dem Schulhof), ohne dass er herunterfällt?

---

# Becherwurf

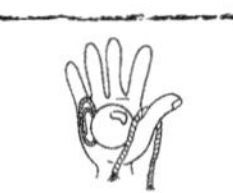

| | |
|---|---|
| *Thema:* | Ziel- und Bewegungsgenauigkeit, exakte Kraftdosierung |
| *Material:* | Papp- oder Plastikbecher, Tischtennisbälle |
| *Sozialform:* | Partnerarbeit oder Plenum |
| *Klasse:* | 1–4 |

*Anleitung:*

Die Kinder finden sich zu Paaren zusammen und stellen sich in einigem Abstand zueinander gegenüber auf. Jedes Kind erhält einen Becher. Ein Kind hat einen Tischtennisball, den es in seinen Becher legt. Nun muss es den Ball mithilfe des Bechers seinem Partner zuwerfen. Dieser versucht wiederum, den Ball mit seinem Becher aufzufangen. Der Ball darf dabei nicht mit den Händen berührt werden. So geht es immer hin und her.

*Differenzierung:*

○ Je größer der Abstand zwischen den beiden Kindern ist, desto schwieriger wird die Übung.

□ Zwischen die Kinder kann auch ein Seil (bzw. falls vorhanden ein Netz) gespannt werden, über das sie den Ball werfen müssen.

△ Die Kinder müssen die Übung abwechselnd mit der rechten oder linken Hand ausführen, sodass beide Hände trainiert werden.

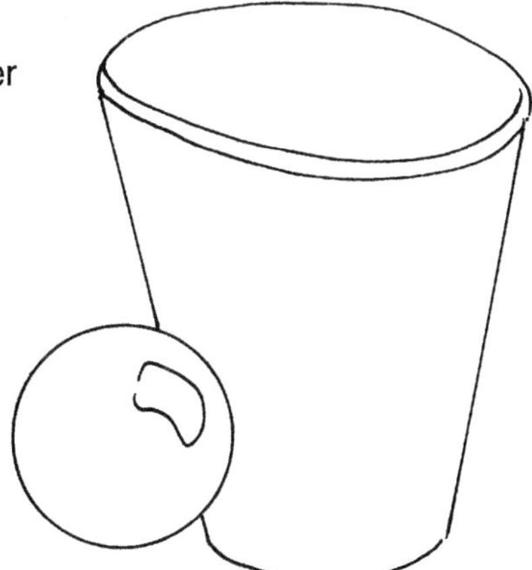

# Der Turmbau zu Stapel

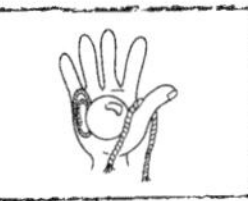

*Thema:* Handgeschicklichkeit, Ziel- und Bewegungsgenauigkeit
*Material:* Gegenstände, die man stapeln kann (z. B. Stifte, Bücher, Holzstäbchen oder -klötzchen, Streichhölzer, Löffel, Korken, Papp- oder Plastikbecher)
*Sozialform:* Einzel- oder Partnerarbeit
*Klasse:* 1–4

*Anleitung:*

Die Kinder bilden Paare oder machen die Übung in Einzelarbeit. Sie suchen sich Gegenstände (bzw. bekommen diese von Ihnen zur Verfügung gestellt), die gut zu stapeln sind (Vorschläge siehe oben). Nun versuchen sie, die Gegenstände zu möglichst hohen Türmen zu stapeln. Wer baut den höchsten Turm?

*Differenzierung:*

○ Die Kinder dürfen den Turm nur mit einer Hand bauen. So trainieren sie auch ihre nicht dominante Hand.

□ Die Kinder müssen in einem vorgegebenen Zeitraum einen Turm bauen. Wer baut in dieser Zeit den höchsten Turm?

△ Die Kinder müssen den Turm mit verbundenen Augen bauen.

# Kartenhäuschen

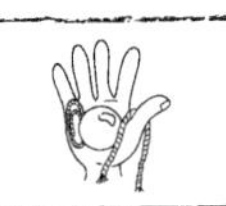

*Thema:* Handgeschicklichkeit, Ziel- und Bewegungsgenauigkeit, Präzision der Bewegung
*Material:* pro Paar/Gruppe ein Kartenspiel
*Sozialform:* Partner- oder Gruppenarbeit
*Klasse:* 1–4

*Anleitung:*

Die Kinder finden sich zu Paaren oder kleinen Gruppen (mit höchstens vier Mitspielern) zusammen. Nun bauen sie kleine Kartenhäuschen aus den Karten (Beispiel siehe Foto). Wer kann das größte Kartenhaus bauen, ohne dass es zusammenfällt?

*Differenzierung:*

○ Die Kinder dürfen beim Kartenhausbauen nur eine Hand benutzen.

□ Wer schafft es, in einem vorgegebenen Zeitraum das höchste Kartenhaus zu bauen?

△ Spiel „Kartenmikado“: Dieses Spiel kann in Partner- oder Gruppenarbeit gespielt werden. In die Mitte der Kinder wird ein Kartenberg gelegt. Auf dem Berg wird ein kleines Kartenhaus errichtet (siehe Foto). Nun müssen die Kinder abwechselnd und ganz vorsichtig Karten aus dem Kartenberg ziehen, ohne dass das Kartenhaus zusammenfällt. Wer schafft es, die meisten Karten zu erbeuten?

# Hochstapler

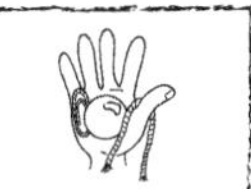

**Thema:** Handgeschicklichkeit, Ziel- und Bewegungsgenauigkeit, Präzision der Bewegung
**Material:** Papp- oder Plastikbecher
**Sozialform:** Partnerarbeit
**Klasse:** 1/2

*Anleitung:*

Die Kinder finden sich zu Paaren zusammen oder absolvieren die Übung in Einzelarbeit. Sie stehen an einem Tisch, auf dem zahlreiche Becher mit der Öffnung nach unten verteilt sind. Nun müssen beide Kinder gleichzeitig versuchen, so viele Becher wie möglich ineinanderzustapeln und damit einzusammeln. Dabei darf kein Becher herunterfallen und der entstehende Becherstapel darf nicht abgesetzt werden. Wer schafft es, in einem vorgegebenen Zeitraum die meisten Becher einzusammeln bzw. wer hat am Ende den höchsten Becherstapel?

*Differenzierung:*

○ Die Kinder dürfen beim Becherstapelbau nur eine Hand benutzen. Dabei wird zwischen linker und rechter Hand gewechselt, sodass auch beide Hände trainiert werden.

□ Wer schafft es nach dem Einsammeln der Becher, die Becher mit nur einer Hand wieder einzeln auf dem Tisch mit der Öffnung nach oben aufzustellen? Dabei darf kein Becher herunterfallen und der Becherstapel darf nicht abgesetzt werden.

△ Variante „Der schnellste Hochstapler“: Die Kinder halten ihren Becherstapel in der Hand. Der oberste Becher im Stapel wird markiert, indem z. B. eine Büroklammer hineingelegt wird. Nun müssen die Kinder den untersten Becher mit ihrer anderen Hand vom Stapel abziehen und wieder oben auf den Stapel aufsetzen. Wer schafft es als Erster, alle Becher im Stapel einmal von unten nach oben zu sortieren? Das Kind, das den Becher mit der Büroklammer als Erstes in der Hand hält, hat gewonnen.

# Becherskulpturen

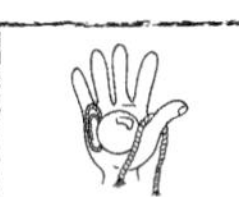

**Thema:** Handgeschicklichkeit, Ziel- und Bewegungsgenauigkeit, Präzision der Bewegung
**Material:** Papp- oder Plastikbecher
**Sozialform:** Einzel- oder Partnerarbeit
**Klasse:** 1/2

*Anleitung:*

Die Kinder experimentieren mit den Bechern herum und bauen verschiedene Skulpturen (Beispiele siehe Fotos).

*Differenzierung:*

○ Die Kinder dürfen beim Bau der Skulpturen nur eine Hand benutzen.

□ Die Kinder müssen die Skulptur in Partnerarbeit aufbauen. Dabei darf jedes Kind nur eine Hand benutzen.

△ Skulpturenwettbewerb: Wer baut die höchste Skulptur aus Bechern? Wer die fantasievollste? Wer die stabilste?

# Becherpyramiden

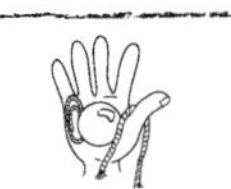

*Thema:* Handgeschicklichkeit, Ziel- und Bewegungsgenauigkeit, Präzision der Bewegung
*Material:* Papp- oder Plastikbecher
*Sozialform:* Partner- oder Gruppenarbeit
*Klasse:* 1–4

*Anleitung:*

Die Kinder finden sich zu Paaren oder kleinen Gruppen (bis zu vier Mitspieler) zusammen. Jedes Kind erhält sechs Becher. Nun müssen die Kinder so schnell wie möglich Pyramiden aus den Bechern bauen (Beispiel siehe Foto). Dabei stehen in der unteren Reihe immer drei Becher, in der mittleren Reihe zwei Becher und in der oberen, dritten Reihe ein Becher. Sobald die Pyramide aufgebaut ist, muss sie wieder so schnell wie möglich von oben nach unten abgebaut werden. Wer schafft es am schnellsten, die vollständige Pyramide auf- und wieder abzubauen?

*Differenzierung:*

○ Die Kinder dürfen zunächst beide Hände benutzen.

□ Die Kinder dürfen bei der Übung nur eine Hand (d. h. auf Ansage nur ihre rechte oder linke Hand) benutzen. So trainieren sie die Geschicklichkeit beider Hände.

△ Wer schafft es, in einem vorgegebenen Zeitraum die meisten Pyramiden auf- und wieder abzubauen?

# Becherturm

*Thema:* Handgeschicklichkeit, Ziel- und Bewegungsgenauigkeit, Präzision der Bewegung
*Material:* Papp- oder Plastikbecher, Pappe (z. B. Bierdeckel, Kartenspiel oder Karteikarten)
*Sozialform:* Einzel- oder Partnerarbeit
*Klasse:* 1–4

*Anleitung:*

Die Kinder bauen einen Turm aus den Bechern und der Pappe. Dabei werden die Becher und die Pappe abwechselnd gestapelt (siehe Foto). Wer kann den höchsten Turm bauen, ohne dass er umfällt?

*Differenzierung:*

○ Wer kann in einem vorgegebenen Zeitraum den höchsten Turm bauen?

□ Die Kinder dürfen den Turm nur mit einer Hand bauen.

△ Die Kinder bauen einen Turm, bei dem alle Becher mit der Öffnung nach oben stehen und sich Becher und Pappe abwechseln. Wer schafft es nun, den Turm abzubauen, indem er die Pappe zwischen den Bechern herauszieht? Dabei darf der Turm nicht umfallen und der obere Becher muss immer in den darunterstehenden Becher fallen.

### Tipp

Für dieses Geschicklichkeitsspiel müssen die Becher etwas schwerer sein. Sie sollten daher z. B. mit einem kleinen Gegenstand (Spielwürfel o. Ä.) beschwert werden. Zu Anfang sollten die Kinder die Übung an einem kleinen Turm (mit höchstens drei Bechern) ausprobieren.

# Würfelturm

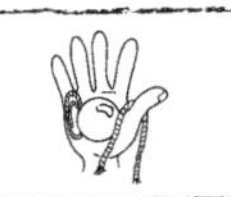

*Thema:* Handgeschicklichkeit, Ziel- und Bewegungsgenauigkeit, Präzision der Bewegung
*Material:* Spielwürfel (oder kleine Holzwürfel), Papier
*Sozialform:* Einzel- oder Partnerarbeit
*Klasse:* 1–4

*Anleitung:*
Die Kinder haben mehrere Würfel zur Verfügung (mindestens zwölf Stück pro Kind). Nun bauen sie einen Turm aus den Würfeln. Wer kann den höchsten Würfelturm bauen?

*Differenzierung:*

○ Die Kinder müssen den Turm mit verbundenen Augen bauen.

□ Die Kinder dürfen den Turm nur mit einer Hand (z. B. der nicht dominanten Hand) bauen.

△ Die Kinder haben mindestens drei Würfel und zwei Blatt Papier vor sich liegen. Dann bauen sie zunächst einen Turm aus den drei Würfeln und stellen ihn auf eines der Blätter. Nun müssen sie den Turm vorsichtig hochheben und auf das andere Blatt transportieren, ohne dass er umfällt. Je höher der Turm ist und je weiter die Blätter voneinander entfernt sind, desto schwieriger wird die Übung.

# Münzturm

*Thema:* Handgeschicklichkeit, Ziel- und Bewegungsgenauigkeit, Präzision der Bewegung
*Material:* Münzen (am besten 1- oder 2-Cent-Münzen)
*Sozialform:* Einzel- oder Partnerarbeit
*Klasse:* 3/4

*Anleitung:*
Alle Kinder haben mindestens sechs Münzen vor sich liegen. Nun bauen sie aus den Münzen einen Turm. Eine der Münzen wird vor den Turm gelegt. Dann versuchen die Kinder, mit dieser Münze die untere Münze im Turm wegzuschnipsen, ohne dass der Turm umfällt. Wer schafft es, so den ganzen Turm abzubauen, ohne dass er umfällt?

**Tipp**
Die Übung sollte auf einer möglichst glatten Oberfläche ausgeführt werden, damit die Münze besser gleiten kann.

*Differenzierung:*

○ Die Kinder wechseln ihre Hände ab, sodass beide Hände trainiert werden.

□ Je höher der Turm ist, desto schwieriger wird die Übung.

△ Die Kinder finden sich zu Paaren zusammen und bauen einen jeweils gleich großen Turm. Wer schafft es als Erster, seinen Turm mit der Münze abzubauen?

# Schachtelturm

*Thema:* Handgeschicklichkeit, Ziel- und Bewegungsgenauigkeit, Präzision der Bewegung
*Material:* leere Schachteln in verschiedenen Größen
*Sozialform:* Einzel- oder Partnerarbeit
*Klasse:* 1–4

*Anleitung:*

Die Kinder haben verschieden große Schachteln vor sich liegen. Nun müssen sie die Schachteln der Größe nach aufeinanderstapeln. Dabei müssen sie mit der kleinsten Schachtel anfangen.

*Differenzierung:*

○ Wer schafft es als Erster, die Schachteln richtig aufeinanderzustapeln? Der Stapel darf dabei nicht umfallen und es dürfen keine Schachteln herunterfallen.

□ Die Übung wird mit nur einer Hand durchgeführt. Dabei müssen die Kinder auch ihre nicht dominante Hand benutzen.

△ Um die Übung noch weiter zu erschweren, kann die untere Schachtel auf eine kleinere Unterlage gestellt werden, wie z. B. einen Papp- oder Plastikbecher oder ein kleines Glas.

# Ballgefühl

*Thema:* Handgeschicklichkeit, Ziel- und Bewegungsgenauigkeit, Präzision der Bewegung
*Material:* leere Plastikflaschen, Tennisbälle (oder ähnliche Bälle)
*Sozialform:* Partnerarbeit
*Klasse:* 1–4

*Anleitung:*

Die Kinder finden sich zu Paaren zusammen. Vor jedem Kind stehen in einer Reihe mindestens fünf leere Plastikflaschen und mindestens fünf Tennisbälle. Nun müssen die Kinder versuchen, so schnell wie möglich die Bälle auf den Flaschenhälsen zu platzieren. Die Flaschen dürfen dabei nicht festgehalten werden oder umfallen und die Bälle dürfen nicht herunterfallen. Wer schafft es als Erster, alle Bälle auf den Flaschenhälsen zu platzieren?

*Differenzierung:*

○ Die Kinder dürfen die Übung nur mit einer Hand durchführen. Dabei wird die linke und die rechte Hand abgewechselt.

□ Die Kinder müssen die Flaschen mit den Bällen in die Hand nehmen und umsortieren, ohne dass die Bälle herunterfallen (z. B. die Reihenfolge ändern, sie im Kreis aufstellen).

△ Die Übung kann noch erschwert werden, indem die Kinder Tischtennisbälle mit einem Löffel auf den Flaschenhälsen platzieren müssen.

# Klammeraffe

Thema: Präzision der Bewegung, Ziel- und Bewegungsgenauigkeit
Material: Wäscheklammern
Sozialform: Plenum (z. B. Kreis)
Klasse: 1/2

*Anleitung:*

Die Kinder stellen sich im Kreis auf. In der Mitte steht ein Kind mit geschlossenen Augen (der „Klammeraffe"). Jedes Kind erhält eine Wäscheklammer. Nun müssen die Kinder nacheinander versuchen, ihre Klammer vorsichtig an der Kleidung des Klammeraffen zu befestigen, ohne dass dieser es merkt. Wenn der Klammeraffe doch bemerkt, dass ihm gerade eine Klammer angeheftet wird, öffnet er die Augen und zeigt auf das entsprechende Kind. Dieses Kind ist dann der nächste Klammeraffe. Wenn der Klammeraffe sich jedoch irrt (also die Klammer ihn noch gar nicht berührt hat), darf das Kind, das gerade mit dem Klammern an der Reihe ist, seine Klammer einfach so an die Kleidung des Klammeraffen heften.

*Differenzierung:*

○ Die Kinder erhalten mehrere Wäscheklammern, die sie am Klammeraffen anbringen müssen. Wer schafft es, die meisten Klammern anzuheften?

□ Das Spiel kann auch umgekehrt gespielt werden. An der Kleidung des Klammeraffen hängen mehrere Wäscheklammern. Er steht mit geschlossenen Augen in der Kreismitte. Nun müssen die Kinder nacheinander versuchen, die Klammern von seiner Kleidung zu lösen, ohne dass der Klammeraffe es bemerkt.

△ Bei der Übung benutzen die Kinder abwechselnd ihre linke oder rechte Hand, sodass sie beide Hände trainieren.

# Klammerschlange

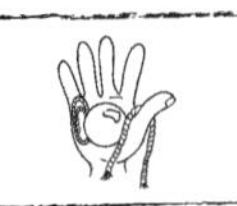

Thema: Präzision der Bewegung, Ziel- und Bewegungsgenauigkeit
Material: Wäscheklammern, eine Wäscheleine
Sozialform: Plenum
Klasse: 1/2

*Anleitung:*

Für dieses Spiel muss eine Wäscheleine in Augenhöhe der Kinder aufgehängt werden. Jedes Kind erhält dieselbe Menge an Wäscheklammern. Nun hängt jedes Kind eine Wäscheklammer an die Leine. Dann hängt es an diese Wäscheklammer die nächste Klammer. So geht es immer weiter, bis eine lange „Klammerschlange" entsteht.

Wer schafft es, die längste Klammerschlange herzustellen, ohne dass eine der Klammern bzw. die ganze Klammerschlange herunterfällt?

*Differenzierung:*

○ Wer schafft es am schnellsten, alle seine Klammern als Klammerschlange aufzuhängen?

□ Die Kinder dürfen beim Aufhängen der Klammern nur eine Hand, also auch ihre nicht dominante Hand, benutzen.

△ Die Kinder müssen bei der Übung auf einem Bein stehen.

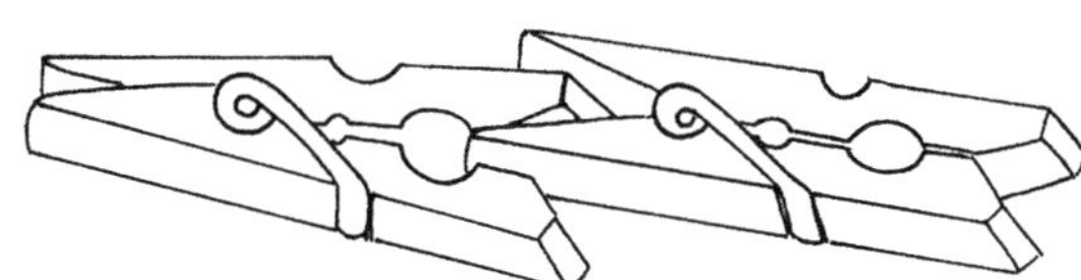

# Klammerigel

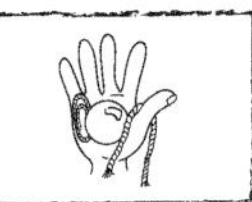

*Thema:* Präzision der Bewegung, Ziel- und Bewegungsgenauigkeit
*Material:* Wäscheklammern, Bastelvorlage „Klammerigel" (siehe unten), Auflagen (z. B. Marmeladendeckel), damit der Igel ein wenig erhöht liegt
*Sozialform:* Partner- oder Gruppenarbeit
*Klasse:* 1/2

*Anleitung:*

Die Kinder finden sich zu Paaren oder in kleinen Gruppen (bis zu vier Kinder) zusammen. Der mehrfach kopierte Igel wird am besten auf Pappe aufgeklebt und an der gestrichelten Linie ausgeschnitten. Dann wird er auf eine leicht erhöhte Auflage gelegt. Jedes Kind erhält dieselbe Anzahl an Klammern. Nun sitzen die Kinder rund um den Igel herum und befestigen ihre Klammern daran. Je mehr Klammern am Igel hängen, desto schwieriger wird es, seine eigene Klammer daran zu befestigen bzw. noch einen geeigneten freien Platz dafür zu finden.
Wenn eine Klammer vom Igel oder der Igel von der Auflage herunterfällt, scheidet das entsprechende Kind aus. Wer schafft es als Erstes, alle seine Klammern am Igel zu befestigen?

*Differenzierung:*

- ○ Die Kinder wechseln beim Anbringen der Klammern ihre rechte und linke Hand ab.
- □ Die Kinder dürfen beim Befestigen der Klammern nur eine Hand benutzen und den Igel nicht anfassen.
- △ Der Igel kann auch an ein Band gebunden werden, sodass er in der Luft hängt. Nun ist es noch schwieriger, Klammern am Igel zu befestigen, da dieser sich bewegt und hin und her pendelt.

## Bastelvorlage: „Klammerigel"

# Torschnipsen

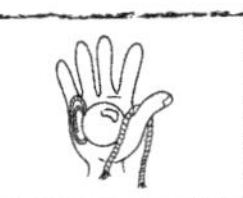

*Thema:* Präzision der Bewegung, exakte Kraftdosierung, Zielgenauigkeit
*Material:* pro Kind drei Mühlesteine, Münzen o. Ä.
*Sozialform:* Einzel- oder Partnerarbeit
*Klasse:* 1–4

*Anleitung:*

Die Kinder absolvieren die Übung in Einzelarbeit oder finden sich zu Paaren zusammen. Jedes Kind hat drei Mühlesteine in Form eines Dreiecks vor sich liegen (siehe Foto).
Nun muss immer einer der Steine mit dem Zeigefinger durch die anderen beiden Steine (das „Tor") hindurchgeschnipst werden. Die Steine dürfen dabei nicht verschoben oder zurechtgelegt werden. Der Stein muss immer so geschnipst werden, dass wieder ein neues Tor entsteht, durch das erneut ein Stein geschnipst werden kann.

*Differenzierung:*

○ Wer schafft es, in einem vorgegebenen Zeitraum die meisten Tore zu schnipsen?

□ Die Kinder wechseln während der Übung zwischen rechter und linker Hand, sodass sie nicht nur ihre dominante Hand benutzen.

△ Die Kinder können auch ein „Elfmeterschnipsen" veranstalten. Dafür setzen sie sich an einem Tisch gegenüber und haben jeweils zwei Mühlesteine als Tor vor sich liegen. Nun müssen sie abwechselnd versuchen, einen Mühlestein in das gegnerische Tor zu schnipsen.

# Zielschnipsen

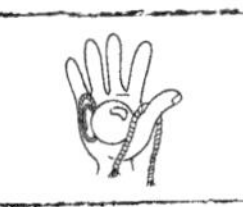

*Thema:* Präzision der Bewegung, exakte Kraftdosierung, Zielgenauigkeit
*Material:* Mühlesteine o. Ä., Vorlage „Zielscheibe" (siehe Seite 36)
*Sozialform:* Partner- oder Gruppenarbeit
*Klasse:* 1–4

*Anleitung:*

Die Kinder finden sich zu Paaren oder kleinen Gruppen (höchstens vier Mitspieler) zusammen. Jedes Kind erhält eine bestimmte Anzahl an Mühlesteinen. Die mehrfach kopierte Zielscheibenvorlage (siehe Seite 36) wird in die Mitte der Kinder gelegt. Nun wird eine Startlinie festgelegt, von der aus die Kinder ihre Mühlesteine auf die Zielscheibe schnipsen müssen (z. B. durch Auslegen eines Seils, Lineals). Nun dürfen die Kinder nacheinander ihre Mühlesteine auf die Zielscheibe schnipsen. Wer schafft es, seine Mühlesteine besonders nah in der Mitte der Zielscheibe zu platzieren? Je nachdem, in welchem Feld die Mühlesteine landen, werden die Punkte zusammengezählt und notiert. Dann werden die Mühlesteine von der Zielscheibe genommen und das nächste Kind ist an der Reihe. Am Ende gewinnt das Kind, das die meisten Punkte „erschnipsen" konnte.

*Differenzierung:*

○ Je weiter die Startlinie von der Zielscheibe entfernt ist, desto schwieriger ist die Übung.

□ Die Kinder wechseln während der Übung zwischen rechter und linker Hand.

△ Die Mühlesteine können während des gesamten Spiels auf der Zielscheibe liegen bleiben. Dann können die Mitspieler versuchen, sich gegenseitig die Mühlesteine wegzuschnipsen (ähnlich wie beim Boccia). Dabei müssen sie aber darauf achten, dass ihr Mühlestein trotzdem möglichst in der Mitte der Zielscheibe landet. Für diese Spielvariation benutzen die Kinder am besten farblich markierte Steine.

## Vorlage: „Zielscheibe“ (zu „Zielschnipsen“, Seite 35)

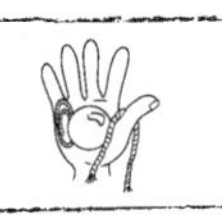

2
4
6
2 4 6 8 6 4 2
6
4
2

# Flohhüpfer

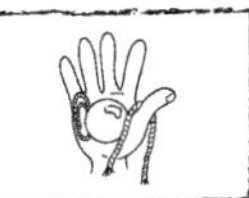

*Thema:* Ziel- und Bewegungsgenauigkeit, exakte Kraftdosierung
*Material:* Plastikchips, flache Schüsseln oder Gläser, evtl. eine weiche Unterlage (z. B. Zeitung, Handtuch)
*Sozialform:* Partner- oder Gruppenarbeit
*Klasse:* 1–4

*Anleitung:*

Die Kinder bilden Paare oder kleine Gruppen (bis zu vier Mitspieler). Jedes Kind hat eine bestimmte Anzahl von Plastikchips (z. B. vier bis sechs Stück) vor sich liegen. Jedes Kind hat eine andere Farbe, damit die Chips später eindeutig zuzuordnen sind. In der Mitte steht die flache Schüssel. Nun müssen die Kinder versuchen, mit dem Fingernagel ihres Zeigefingers (oder einem Chip) ihre Chips in die Schüssel zu schnipsen. Die Übung ist etwas einfacher, wenn die Kinder dabei eine weiche Unterlage benutzen. Wer schafft es, die meisten Chips in einem vorgegebenen Zeitraum in die Schüssel zu schnipsen?

*Differenzierung:*

○ Die Übung wird schwieriger, wenn die Kinder ihre Chips in ein Glas oder ein anderes hohes Gefäß schnipsen müssen.

□ Je weiter die Chips von der Schüssel/dem Glas entfernt liegen, desto schwieriger wird die Übung.

△ Die Kinder benutzen bei dieser Übung abwechselnd ihre rechte oder linke Hand, um beide Hände zu trainieren.

---

# Tippball

*Thema:* Ziel- und Bewegungsgenauigkeit, exakte Kraftdosierung
*Material:* Tischtennisbälle, Papp- oder Plastikbecher
*Sozialform:* Partner- oder Gruppenarbeit
*Klasse:* 1–4

*Anleitung:*

Die Becher werden auf den Boden gestellt. Nun wird eine Startlinie (z. B. ein Seil oder Holzstab) festgelegt, von der aus der Ball in die Becher geworfen werden soll. Jedes Kind bekommt eine bestimmte Anzahl von Bällen. Nun müssen die Kinder nacheinander versuchen, die Bälle in die Becher zu werfen. Wer schafft es als Erstes, alle seine Bälle in die Becher zu werfen?

*Differenzierung:*

○ Je weiter die Startlinie von den Bechern entfernt ist, desto schwieriger wird es, die Becher zu treffen.

□ Die Becher können mit Punkten versehen werden. Je nachdem, in welchen Becher die Kinder ihre Bälle werfen konnten, werden die entsprechenden Punkte zusammengezählt.

△ Die Kinder müssen den Ball einmal auftippen lassen, bevor er in den Becher fällt. Diese Übung wird am besten auf einem großen Tisch statt auf dem Boden ausgeführt.

# Erbsenzähler

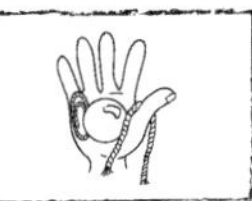

*Thema:* Ziel- und Bewegungsgenauigkeit, exakte Kraftdosierung
*Material:* getrocknete Erbsen o. Ä., flache Schüsseln
*Sozialform:* Partner- oder Gruppenarbeit
*Klasse:* 1/2

*Anleitung:*

Die Kinder finden sich zu Paaren oder kleinen Gruppen (bis zu vier Mitspieler) zusammen. Jedes Kind erhält eine gleiche Anzahl an Erbsen (z. B. sechs bis acht Stück). Jedes Kind markiert seine Erbsen farblich. Die Schüssel steht auf dem Boden. Die Kinder stellen sich um die Schüssel herum auf (der Abstand zu der Schüssel kann z. B. mit einem Seil markiert werden, das um die Schüssel gelegt wird). Nun müssen die Kinder abwechselnd versuchen, ihre Erbsen in die Schüssel zu werfen. Dabei dürfen die Erbsen nicht aus der Schüssel springen oder daneben landen. Wer schafft es, die meisten Erbsen in die Schüssel zu werfen?

*Differenzierung:*

- ○ Je weiter der Abstand zur Schüssel ist, desto schwieriger ist es, die Erbsen hineinzuwerfen.
- □ Die Kinder benutzen beim Werfen auch ihre nicht dominante Hand.
- △ Die Kinder müssen beim Werfen auf einem Bein stehen.

# Erbsenzieler

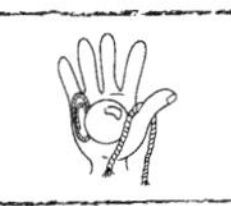

*Thema:* Ziel- und Bewegungsgenauigkeit, exakte Kraftdosierung, Konzentrationsfähigkeit
*Material:* kleine Papierknubbel, getrocknete Erbsen, Flaschen
*Sozialform:* Partnerarbeit, Gruppenarbeit
*Klasse:* 1–4

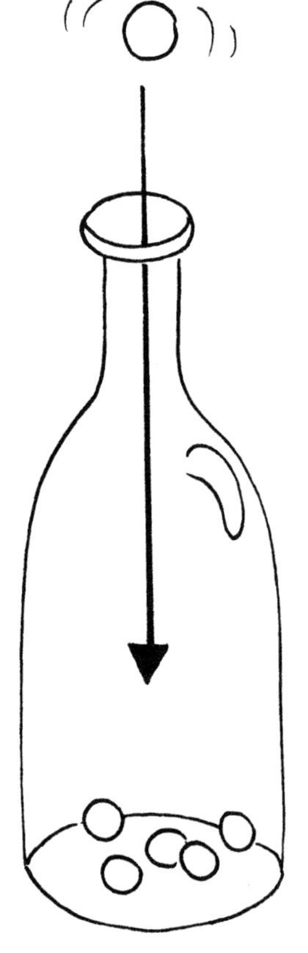

*Anleitung:*

Die Kinder finden sich zu Paaren oder kleinen Gruppen (bis zu vier Mitspieler) zusammen. Dann stellen die Kinder sich um eine Flasche herum auf, die auf dem Boden steht. Jedes Kind erhält eine bestimmte Anzahl an Papierknubbeln oder getrockneten Erbsen. Nun stellen sich die Kinder nacheinander an die Flasche und versuchen, die Papierknubbel/Erbsen einzeln durch den Flaschenhals in die Flasche fallen zu lassen.

*Differenzierung:*

- ○ Je größer der Abstand zwischen Hand und Flaschenhals ist, desto schwieriger ist es, den Flaschenhals zu treffen.
- □ Die Kinder wechseln während der Übung die Hände, sodass sie beide Hände trainieren.
- △ Die anderen Kinder versuchen, das Kind, das gerade die Übung vollzieht, durch wilde Grimassen abzulenken.

# Zielkegeln

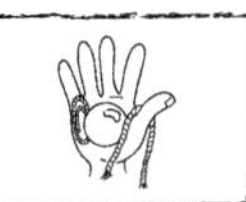

*Thema:* Ziel- und Bewegungsgenauigkeit, exakte Kraftdosierung
*Material:* kleine Bälle (z. B. Tennisbälle, Gymnastikbälle), Kreide oder eine alte Tapetenrolle und Filzstifte
*Sozialform:* Gruppenarbeit oder Plenum (z. B. auf dem Schulhof oder in der Turnhalle)
*Klasse:* 1–4

*Anleitung:*

Zunächst muss eine „Kegelbahn" auf dem Boden aufgezeichnet werden, auf der die Kinder kegeln können. Die Kegelbahn (Beispiel siehe unten) kann entweder mit Kreide auf den Boden oder mit dem Stift auf eine Tapetenrolle gezeichnet werden. Nun stellen sich die Kinder an einer Startlinie auf und müssen den Ball wie beim Kegeln auf das Spielfeld rollen. Dabei ist natürlich das Ziel, ein möglichst hohes Zahlenfeld zu erreichen. Nur wenn der Ball auf einem Zahlenfeld liegen bleibt, gibt es die entsprechende Punktzahl. Die Kinder können entweder als Einzelspieler oder in Gruppen gegeneinander antreten. Gewonnen hat, wer nach mehreren Kegelversuchen die meisten Punkte erkegeln konnte.

*Differenzierung:*

○ Je weiter die Startlinie von der Kegelbahn entfernt ist, desto schwieriger wird das Kegeln.
□ Die Kinder müssen auf Ansage hin den Ball auf bestimmte Zahlenfelder rollen lassen.
△ Die Kinder müssen verschiedene Bewegungen beim Kegeln machen (z. B. mit dem Rücken zur Kegelbahn stehen und durch die Beine hindurchkegeln, im Sitzen oder auf einem Bein kegeln).

**Tipp** Die Übung kann auch mit einer Frisbeescheibe durchgeführt werden.

**Beispiel: „Kegelbahn"**

| 1 | 2 | 3 | 4 | 5 | 6 | 7 | 8 |
|---|---|---|---|---|---|---|---|

# Dosenflitschen

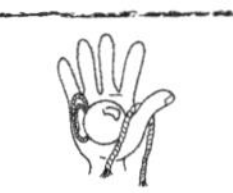

*Thema:* Ziel- und Bewegungsgenauigkeit, exakte Kraftdosierung
*Material:* leere Konservendosen oder Papp- bzw. Plastikbecher, Gummibänder
*Sozialform:* Partner- oder Gruppenarbeit
*Klasse:* 1–4

*Anleitung:*

Die Kinder finden sich zu Paaren oder kleinen Gruppen zusammen. Nun stellen sie eine mehrstöckige Pyramide aus Konserven oder Bechern auf. Dann versuchen sie, die Pyramide von einer festgelegten Startlinie aus abzubauen, indem sie mit Gummibändern gegen die Konserven „flitschen".

*Differenzierung:*

○ Je weiter die Startlinie von der Pyramide entfernt ist, desto schwieriger wird die Übung.
□ Die Kinder können auch gegeneinander antreten. Wer schafft es als Erster, seine Pyramide abzubauen?
△ Wer schafft es, mit den wenigsten Flitschern seine Pyramide abzubauen?

**Tipp** Die Konserven können auch mit Zahlen (Punkten) versehen werden. Für jede abgeräumte Dose gibt es dann die entsprechende Punktzahl.

# Flaschenkegeln

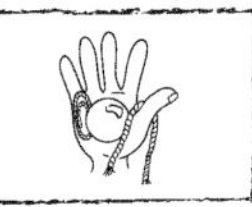

*Thema:* Ziel- und Bewegungsgenauigkeit, exakte Kraftdosierung
*Material:* sechs bis zehn Plastikflaschen (evtl. mit ein bisschen Sand gefüllt, damit sie schwerer sind), einen Ball (z. B. Tennisball, Fußball)
*Sozialform:* Partner-, Gruppenarbeit oder Plenum (z. B. in der Turnhalle oder auf dem Schulhof)
*Klasse:* 1–4

*Anleitung:*

Die Flaschen werden ähnlich wie beim Kegeln auf dem Boden aufgestellt. Es wird eine Startlinie (z. B. Seil, Holzstab, bunter Klebestreifen) festgelegt, von der aus gekegelt wird. Dann müssen die Kinder nacheinander versuchen, die Flaschen umzukegeln. Dabei werden jeweils die Kegel gezählt, die umgefallen sind. Gewinner ist, wer während des Spiels die meisten Kegel umwerfen konnte.

*Differenzierung:*

○ Je weiter die Startlinie von den Kegeln entfernt ist, desto schwieriger wird das genaue Zielen.

□ Die Kegel können mit Punkten versehen werden. Pro umgeworfenem Kegel gibt es eine bestimmte Anzahl von Punkten.

△ Die Kinder wechseln während der Übung die Hände, sodass sie nicht nur ihre dominante Hand benutzen. Eine weitere Variation besteht darin, dass die Kinder während des Kegelns auf einem Bein stehen oder andere Bewegungen machen müssen, die das Kegeln erschweren.

# Flaschenangeln

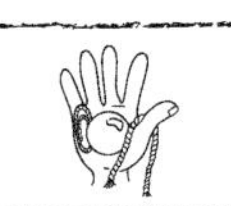

*Thema:* Ziel- und Bewegungsgenauigkeit
*Material:* Flaschen, Kordeln, Stifte
*Sozialform:* Partner-, Gruppenarbeit oder Plenum (z. B. Sitzkreis)
*Klasse:* 1–4

*Anleitung:*

Die Kinder finden sich zu Paaren oder kleinen Gruppen zusammen bzw. setzen sich in den Sitzkreis. In der Mitte der Kinder steht eine Flasche. Die Kordel wird an den Stift gebunden. Die Kinder nehmen die Kordel in die Hand, sodass der Stift in der Luft baumelt (siehe Foto). Nun müssen die Kinder versuchen, den Stift mithilfe der Kordel in den Flaschenhals zu manövrieren.

*Differenzierung:*

○ Wer schafft es am schnellsten, den Stift in den Flaschenhals zu manövrieren?

□ Bei der Übung dürfen die Kinder nur eine Hand benutzen. Dabei wird abwechselnd die linke und die rechte Hand benutzt.

△ Je länger das Seil ist, desto schwieriger wird es, den Stift in den Flaschenhals zu manövrieren.

# Schnelle Finger

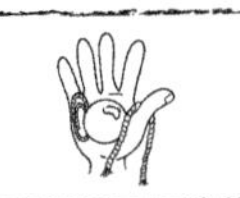

*Thema:* Ziel- und Bewegungsgenauigkeit, exakte Kraftdosierung, Reaktionsfähigkeit
*Material:* pro Paar ein Seil oder langes Lineal
*Sozialform:* Partnerarbeit
*Klasse:* 1–4

*Anleitung:*

Die Kinder finden sich zu Paaren zusammen und stellen sich einander gegenüber auf. Ein Kind hält das Seil/Lineal hoch in die Luft und hält es dabei am oberen Ende fest. Sein Partner hält seine offene Hand um die Mitte des Seils/Lineals, ohne es zu berühren. Nun lässt das Kind, das das Seil/Lineal festhält, ganz plötzlich los und der Partner versucht, es zu schnappen, bevor es auf den Boden fällt. Nach einiger Zeit werden die Rollen gewechselt.

*Differenzierung:*

◯ Je kürzer das Seil/Lineal ist, desto schwieriger wird die Übung.

◻ Die Kinder absolvieren die Übung abwechselnd mit der rechten oder linken Hand. So trainieren sie auch ihre nicht dominante Hand.

△ Beide Kinder müssen bei der Übung auf einem Bein balancieren.

# Verwirrend

*Thema:* Handgeschicklichkeit, Präzision der Bewegung
*Material:* Wollknäuel, die aus mehreren, verschiedenfarbigen Wollfäden bestehen
*Sozialform:* Einzel- oder Partnerarbeit
*Klasse:* 1/2

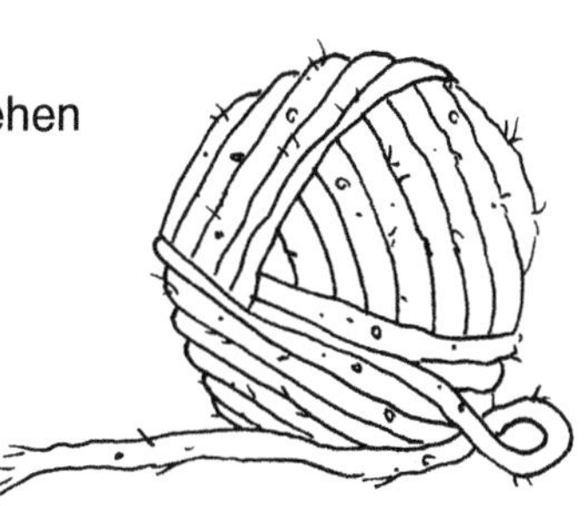

*Anleitung:*

Die Kinder absolvieren die Übung in Einzelarbeit oder finden sich zu Paaren zusammen. Jedes Kind erhält ein Wollknäuel. Nun muss es sein Wollknäuel entwirren. Wer schafft es als Erster?

*Differenzierung:*

◯ Wer schafft es, das Wollknäuel mit nur einer Hand zu entwirren?

◻ Nach dem Entwirren können die einzelnen Wollfäden nach Farben sortiert werden. Dabei können die Kinder z. B. eine Pinzette oder Essstäbchen benutzen.

△ Die Wollfäden können anschließend zu einem neuen Wollknäuel aufgewickelt werden.

# Balltrampolin

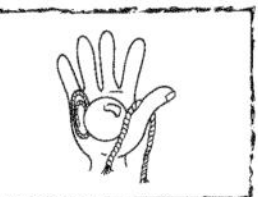

*Thema:* Auge-Hand-Koordination, Reaktionsfähigkeit, richtige Kraftdosierung
*Material:* Tücher, Bälle (z. B. Tennisbälle, Gymnastikbälle), evtl. ein Schwungtuch
*Sozialform:* Partner-, Gruppenarbeit oder Plenum (z. B. in der Turnhalle oder auf dem Schulhof)
*Klasse:* 1/2

*Anleitung:*

Die Kinder finden sich zu Paaren zusammen und stellen sich in einigem Abstand einander gegenüber auf. Jedes Kind erhält ein Tuch und spannt es mit seinen Händen vor sich auf. Eines der Kinder legt einen Ball in sein Tuch. Durch das schnelle Anspannen des Tuches schleudert es den Ball zu seinem Partner. Der Partner fängt den Ball mit seinem Tuch auf und schleudert den Ball zurück. So geht es immer hin und her. Der Ball darf dabei nicht mit den Händen berührt werden.

*Differenzierung:*

○ Je größer der Abstand zwischen den Kindern ist, desto schwieriger wird die Übung.

□ Das Spiel kann auch in der Gruppe gespielt werden. Dann stellen die Kinder sich im Kreis auf. Je mehr Bälle im Spiel sind, desto schwieriger wird die Übung.

△ Das Spiel kann auch im Plenum in leicht abgeänderter Form mit einem Schwungtuch gespielt werden. Die Kinder stellen sich dafür im Kreis auf (z. B. in der Turnhalle oder auf dem Schulhof) und spannen das Tuch zwischen sich mit ihren Händen auf. Nun werden ein oder mehrere Bälle auf das Tuch geworfen. Die Kinder müssen die Bälle durch das gemeinsame Anspannen des Tuches nach oben schleudern und wieder auffangen. Dabei dürfen die Bälle möglichst nicht vom Tuch herunterfallen.

# Auf Schmetterlingsjagd

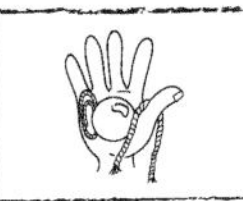

*Thema:* Handgeschicklichkeit, Auge-Hand-Koordination, Reaktionsfähigkeit
*Material:* Bastelvorlage „Schmetterlinge“ (siehe Seite 43), Scheren, evtl. Nudelsiebe
*Sozialform:* Partnerarbeit oder Plenum (z. B. in der Turnhalle oder auf dem Schulhof)
*Klasse:* 1/2

*Anleitung:*

Kopieren Sie die Schmetterlinge mehrere Male und schneiden Sie sie aus (bzw. lassen Sie die Kinder die Schmetterlinge als zusätzliche Übung für die Feinmotorik ausschneiden). Dann werden die Schmetterlinge in der Mitte geknickt. Nun stellen Sie oder ein Kind sich auf eine erhöhte Position (z. B. auf einen Stuhl oder eine Leiter). Dann werfen Sie die Schmetterlinge in kurzer Abfolge nacheinander in die Luft. Die Kinder müssen versuchen, die Schmetterlinge aufzufangen.

*Differenzierung:*

○ Die Schmetterlinge dürfen nur mit einer Hand aufgefangen werden. Dabei wird auf Ansage zwischen linker und rechter Hand gewechselt.

□ Die Schmetterlinge werden mit „Fangnetzen“ (z. B. Nudelsieben) aufgefangen.

△ Wer schafft es, in einem vorgegebenen Zeitraum die meisten Schmetterlinge zu fangen?

# Bastelvorlage: „Schmetterlinge“ (zu „Auf Schmetterlingsjagd“, Seite 42):

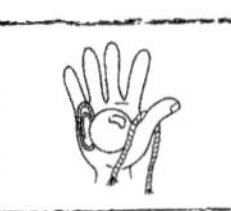

# Jonglage mit Luftballons

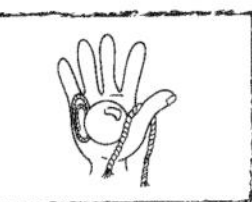

*Thema:* Handgeschicklichkeit, Auge-Hand-Koordination, Reaktionsfähigkeit
*Material:* Luftballons
*Sozialform:* Einzel-, Partnerarbeit oder Plenum (z. B. in der Turnhalle oder auf dem Schulhof)
*Klasse:* 1/2

*Anleitung:*

Jedes Kind erhält zunächst einen Luftballon. Nun muss der Luftballon auf ein Kommando hin hochgeworfen und durch wiederholtes Anstupsen in der Luft gehalten werden. Der Luftballon darf dabei nicht den Boden berühren. Wer schafft es, seinen Luftballon am längsten in der Luft zu halten?

*Differenzierung:*

○ Die Kinder können die Übung auch mit einem Partner durchführen. Dann wechseln sie sich mit dem Anstupsen des Luftballons ab. Die Kinder benötigen dabei viel Platz (z. B. in der Turnhalle oder auf dem Schulhof), um herumlaufen zu können.

□ Die Kinder erhalten zwei oder mehr Luftballons, die sie in der Luft halten sollen.

△ Die Kinder stellen sich in einer lockeren Reihe auf. Zwischen jedem Kind ist eine Armlänge Abstand. Nun versuchen die Kinder, den Luftballon von einem Kind zum nächsten zu stupsen. Der Luftballon darf dabei nicht auf dem Boden aufkommen. Falls der Luftballon doch den Boden berührt, muss das Spiel wieder am Anfang der Reihe begonnen werden. Bei diesem Spiel können auch zwei Gruppen gegeneinander antreten. Welche Gruppe schafft es zuerst, den Luftballon durch die ganze Reihe von Kind zu Kind zu jonglieren?

# Jonglage mit Chiffontüchern

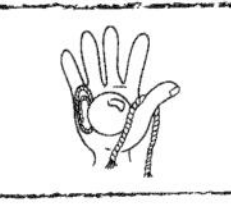

*Thema:* Handgeschicklichkeit, Auge-Hand-Koordination, Reaktionsfähigkeit
*Material:* pro Kind ein Chiffontuch
*Sozialform:* Einzel- oder Partnerarbeit (z. B. in der Turnhalle oder auf dem Schulhof)
*Klasse:* 1–4

*Anleitung:*

Jedes Kind erhält zunächst ein Chiffontuch. Nun können die Kinder erst einmal mit dem Tuch experimentieren. Sie können es z. B. in die Luft werfen und, während es in der Luft schwebt, verschiedene Bewegungen machen (z. B. sich einmal um die eigene Achse drehen, in die Luft springen, in die Hocke gehen, sich schnell hinsetzen und wieder aufstehen). In Partnerarbeit können sich die Kinder das Tuch auch gegenseitig zuwerfen.

*Differenzierung:*

○ Um den Schwierigkeitsgrad der Übung zu erhöhen, erhalten die Kinder zunächst zwei Chiffontücher.

□ Die Kinder jonglieren nun mit drei Tüchern und versuchen, diese so lange wie möglich in der Luft zu halten.

△ Während des Jonglierens mit den Tüchern können die Kinder verschiedene Bewegungen ausführen (z. B. auf einem Bein stehen, durch den Raum wandern, rückwärtslaufen).

# Perlenspiel

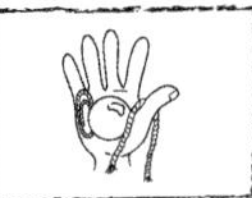

*Thema:* Präzision der Bewegung, Ziel- und Bewegungsgenauigkeit
*Material:* Glas- oder Holzperlen, klein geschnittene Trinkstrohhalme, Faden
*Sozialform:* Partnerarbeit
*Klasse:* 1–4

*Anleitung:*

Die Kinder finden sich zu Paaren zusammen. Nun bekommt jedes Kind einen Faden und eine bestimmte Anzahl von Perlen bzw. Stücke von Trinkstrohhalmen. Dann müssen die Kinder so schnell wie möglich die Perlen oder Strohhalme auf den Faden auffädeln. Wer schafft es, in einem vorgegebenen Zeitraum die meisten Perlen/Strohhalme aufzufädeln?

*Differenzierung:*

- ◯ Wer schafft es, die Perlen/Strohhalme mit nur einer Hand aufzufädeln? Dabei wird zwischen rechter und linker Hand abgewechselt.
- ◻ Die Kinder müssen die Perlen/Strohhalme in Partnerarbeit auffädeln. Dabei dürfen sie jeweils nur eine Hand benutzen.
- △ Wer schafft es, die Perlen/Strohhalme mit einer Pinzette oder Essstäbchen aufzufädeln?

# Spaghetti auffädeln

*Thema:* Präzision der Bewegung, Ziel- und Bewegungsgenauigkeit
*Material:* Spaghetti und Makkaroni
*Sozialform:* Einzel- oder Partnerarbeit
*Klasse:* 1–4

*Anleitung:*

Die Kinder finden sich zu Paaren zusammen oder absolvieren die Übung in Einzelarbeit. Nun erhalten die Kinder eine Spaghetti und eine bestimmte Anzahl von Makkaroni (z. B. vier bis sechs Stück). Dann müssen die Kinder die Makkaroni auf die Spaghetti auffädeln. Dabei müssen sie sehr vorsichtig sein, damit die Spaghetti nicht zerbricht. Wer hat als Erster alle Makkaroni aufgefädelt?

*Differenzierung:*

- ◯ Die Kinder dürfen die Makkaroni nur mit einer Hand auffädeln.
- ◻ Die Kinder müssen die Makkaroni in Partnerarbeit auffädeln. Dabei dürfen sie jeweils nur eine Hand benutzen.
- △ Wer schafft es, die Makkaroni mit einer Pinzette oder Essstäbchen aufzufädeln?

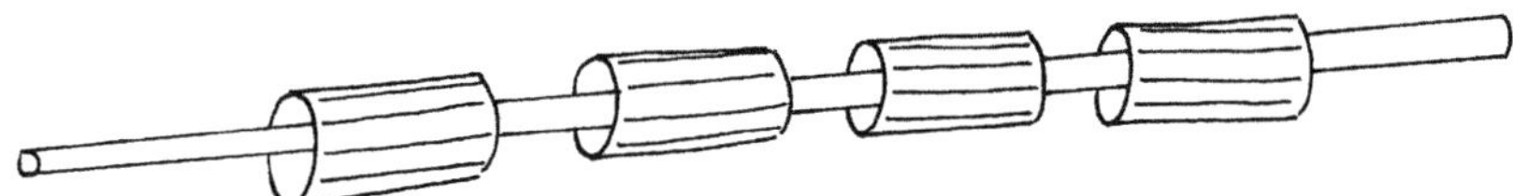

## Büroklammerwurm

*Thema:* Präzision der Bewegung, Ziel- und Bewegungsgenauigkeit
*Material:* Büroklammern
*Sozialform:* Einzel- oder Partnerarbeit
*Klasse:* 1–4

*Anleitung:*

Die Kinder absolvieren die Übung in Einzelarbeit oder finden sich zu Paaren zusammen. Sie haben eine größere Menge Büroklammern vor sich liegen. Nun müssen sie die Büroklammern zu möglichst langen Ketten auffädeln. Dabei darf keine Büroklammer herunterfallen. Wer kann in einem vorgegebenen Zeitraum den längsten Büroklammerwurm herstellen?

*Differenzierung:*

○ Wer kann die Büroklammern mit nur einer Hand zu einem Büroklammerwurm auffädeln? Dabei wird zwischen linker und rechter Hand abgewechselt.

□ Die Kinder müssen den Büroklammerwurm in Partnerarbeit herstellen. Dabei darf jedes Kind nur eine Hand benutzen.

△ Wer kann den Büroklammerwurm mit einer Pinzette auffädeln?

## Büroklammerufo

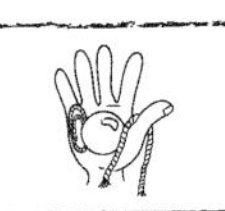

*Thema:* Präzision der Bewegung, Ziel- und Bewegungsgenauigkeit
*Material:* verschiedenfarbige Büroklammern, Bastelvorlage „Büroklammerufo“ (siehe Seite 47)
*Sozialform:* Gruppenarbeit
*Klasse:* 1/2

*Anleitung:*

Die Kinder bilden kleine Gruppen (ca. vier bis sechs Mitspieler). Jedes Kind erhält mehrere Büroklammern (ca. sechs bis acht Stück) in je einer anderen Farbe, sodass sie später gut dem jeweiligen Kind zuzuordnen sind. Das „Büroklammerufo“ wird ungefähr in Bauchhöhe der Kinder aufgehängt, sodass es in der Luft schwebt. Achten Sie dabei darauf, dass das Ufo zunächst gerade hängt. Die Kinder stellen sich dann im Kreis um das Ufo herum auf. Nun müssen sie versuchen, ihre Büroklammern auf dem Ufo zu platzieren. Dabei müssen sie sehr vorsichtig sein, damit das Ufo keine Schlagseite bekommt und die Büroklammern herunterrutschen. Wenn dies passiert, muss das Spiel von vorne begonnen werden. Wer schafft es als Erster, alle seine Büroklammern auf dem Ufo abzulegen?

*Differenzierung:*

○ Die Kinder wechseln bei der Übung ihre rechte und linke Hand und benutzen so auch ihre nicht dominante Hand.

□ Die Kinder stehen bei der Übung auf einem Bein.

△ Die Kinder müssen ihre Büroklammern auf dem Ufo ablegen, während es langsam hin und her pendelt oder sich um sich selber dreht.

# Bastelvorlage: „Büroklammerufo" (Seite 46)

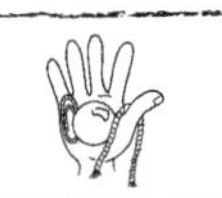

Das Büroklammerufo wird auf Pappe aufgeklebt und an der gestrichelten Linie ausgeschnitten. Durch die Mitte (siehe Markierung) wird ein Band gefädelt und unter dem Ufo verknotet. Dann wird das Ufo aufgehängt, sodass es frei in der Luft schwebt (siehe Foto).

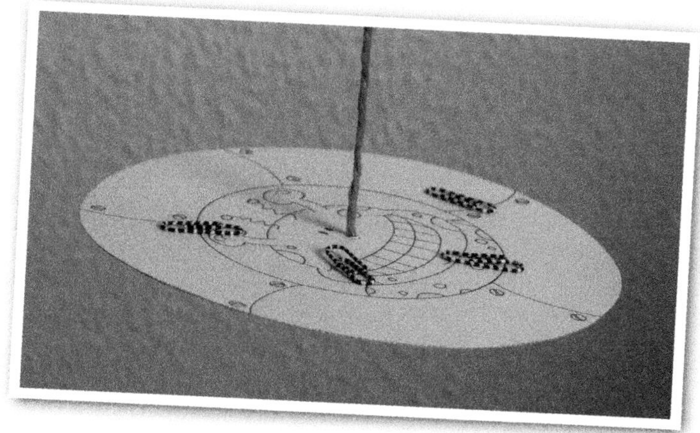

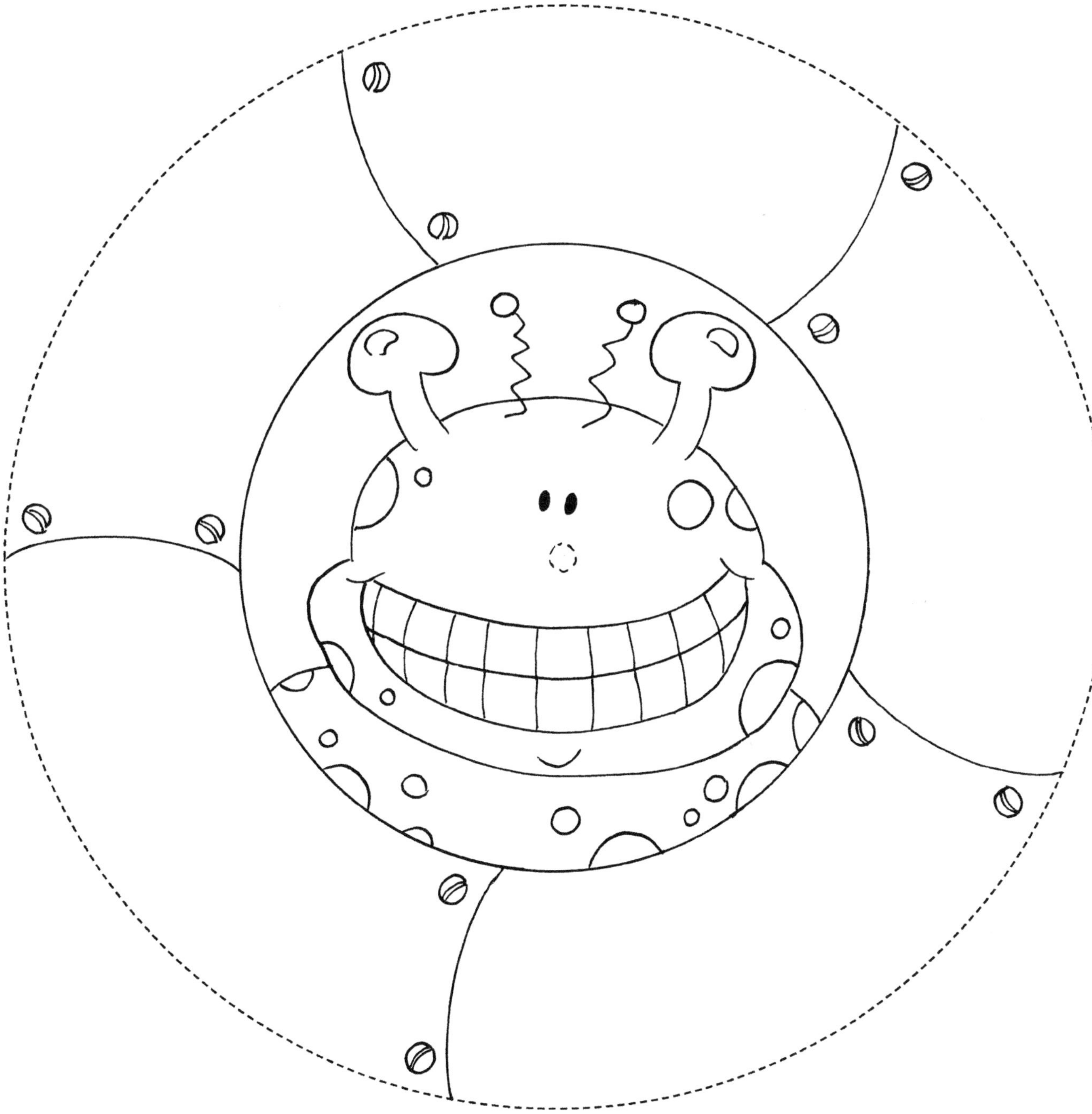

# Obsttast-Memory

*Thema:* Tastsinn, Präzision des Spürens, Obstsorten benennen
*Material:* verschiedene Obstsorten (wie Bananen, Äpfel, Birnen, Nektarinen, Pfirsiche, Weintrauben, Melone, Orangen, Mandarinen) und evtl. ausgefallenere Obstsorten (wie Litschi, Mango oder Sternfrucht), Korb o. Ä., Decke
*Sozialform:* Plenum (z. B. Sitzkreis)
*Klasse:* 1–4

*Anleitung:*

Die Kinder sitzen im Sitzkreis. Zuvor haben sich alle die Hände gewaschen. In der Mitte der Kinder steht ein Korb mit den verschiedenen Obstsorten. Der Korb wird zunächst mit einer Decke abgedeckt. Nun schließen alle Kinder die Augen und eine Obstsorte wird von Kind zu Kind gereicht. Dabei müssen die Kinder durch Ertasten erraten, welche Obstsorte sie in der Hand halten. Sie dürfen die Obstsorte aber nicht laut sagen, sondern sollen sie zunächst für sich behalten. Wenn jedes Kind das Obst einmal in der Hand gehabt hat, legen Sie es wieder in den Korb unter die Decke. Nun können die Kinder aufschreiben, welche Obstsorte sie ertastet haben. Dabei nummerieren sie die Obstsorten der Reihe nach. In gleicher Weise wird mit den weiteren Obstsorten verfahren. Dann wird die Decke vom Korb heruntergenommen und die Kinder können sagen, welche Obstsorten sie in welcher Reihenfolge ertastet haben.

**Tipp** Bitten Sie die Kinder, das Obst vorsichtig zu ertasten, damit es keine Druckstellen bekommt. Anschließend kann aus dem Obst gemeinsam ein Obstsalat hergestellt werden.

*Differenzierung:*

○ Die Kinder dürfen das Obst nur mit einer Hand ertasten. Dabei benutzen sie auch ihre nicht dominante Hand.

□ Die Kinder müssen Obstpaare ertasten.

△ Die Kinder tasten um die Wette. Wer ist der schnellste „Obstsortenertaster"?

# Obstsalat

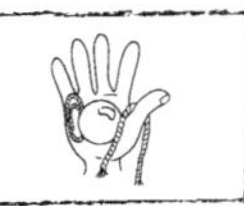

*Thema:* Handgeschicklichkeit, Umgang mit verschiedenen Schneidewerkzeugen
*Material:* verschiedene Obstsorten (Vorschläge siehe oben), kleines, scharfes Messer, Sparschäler, Schneidebrettchen, eine große Schüssel und einen Löffel zum Umrühren
*Sozialform:* Plenum
*Klasse:* 1–4

*Anleitung:*

Auch wenn die Herstellung eines Obstsalates im Plenum mehr als fünf Minuten dauern wird, ist sie eine gute Übung zur Förderung der Feinmotorik. Beim Schälen und Schneiden von Obst wird die Fingerfertigkeit der Kinder auf vielfältige Weise gefördert. Die Kinder können z. B. Äpfel mit dem Sparschäler schälen, müssen mit dem Messer Birnen halbieren und das Kerngehäuse herausschneiden, schälen Bananen und Orangen mit der Hand, schneiden das Obst klein, verrühren es mit einem Löffel usw.

*Differenzierung:*

○ Die Kinder spießen das Obst auf Schaschlikspieße auf.

□ Die Kinder schälen einen Apfel mit einem Sparschäler. Wer kann die längste zusammenhängende „Apfelschalenschlange" schälen?

△ Wer kann eine Banane am schnellsten schälen und klein schneiden?

**Tipp** Gerade in den ersten beiden Schuljahren ist es evtl. sinnvoll, ein paar Eltern als Helfer einzuladen.

# Montagsmaler

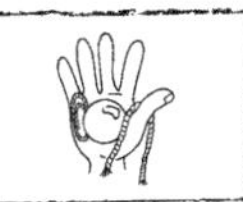

*Thema:* Handgeschicklichkeit, sicherer Umgang mit Stift/Kreide
*Material:* Papier (z. B. alte Tapetenrolle) und Stifte oder Tafel und Kreide, Wortkarten mit einfachen Begriffen, die leicht gezeichnet und erraten werden können (Beispiele siehe unten)
*Sozialform:* Gruppenarbeit oder Plenum
*Klasse:* 1–4

*Anleitung:*

Die Kinder finden sich zu kleinen Gruppen (vier oder sechs Mitspieler) zusammen. Die Gruppe wird in zwei gleich große Mannschaften geteilt. In der Mitte der Kinder liegt ein großes Blatt Papier. Nun zieht eines der Kinder eine Wortkarte und malt den Begriff auf. Während des Zeichnens muss seine Mannschaft erraten, welchen Begriff es zeichnet. Für jeden erratenen Begriff gibt es einen Punkt. Dann ist die andere Mannschaft an der Reihe. Am Ende gewinnt die Mannschaft, die die meisten Begriffe erraten konnte.
Im Plenum kann das Spiel auch an der Tafel gespielt werden. Dann malen die Kinder die Bilder mit Kreide an die Tafel. Dafür werden die Kinder in zwei Gruppen aufgeteilt, die gegeneinander antreten.

*Differenzierung:*

- ○ Die Kinder müssen die Bilder mit ihrer nicht dominanten Hand zeichnen.
- □ Die Mannschaften treten in einem Stechen gegeneinander an, d. h., sie müssen gleichzeitig einen gezeichneten Begriff erraten. Die Mannschaft, die den Begriff zuerst errät, erhält einen Punkt.
- △ Sie können das Spiel auch im Englischunterricht einsetzen und damit das Englischvokabular festigen.

Beispiele Wortkarten:

| | | |
|---|---|---|
| HAUS | APFEL | BUCH |
| AUTO | BALL | HUND |
| BLUME | SCHAF | LÖFFEL |
| MAUS | BANANE | AFFE |
| STIFT | KÄSE | SONNE |
| TASSE | SCHERE | WOLKE |

# Stiftejagd

*Thema:* Handgeschicklichkeit, sicherer Umgang mit dem Stift, Auge-Hand-Koordination
*Material:* Papier (z. B. alte Tapetenrolle), Stifte
*Sozialform:* Partnerarbeit
*Klasse:* 1/2

*Anleitung:*

Die Kinder finden sich zu Paaren zusammen. Sie haben ein großes Blatt Papier zwischen sich liegen. Nun beginnt eines der Kinder, mit seinem Stift einen Strich auf das Blatt zu malen. Es malt den Strich z. B. in Schlangenlinien, im Zickzack, in Loopings usw. Dabei darf es den Stift nicht absetzen. Das andere Kind zählt zunächst bis zehn und versucht dann, mit seinem Stift die Linie genau nachzuzeichnen und das andere Kind dabei einzuholen. Es darf dabei ebenfalls den Stift beim Zeichnen nicht absetzen. Wenn es seinen Partner einholen konnte, werden die Rollen beim Zeichnen gewechselt.

*Differenzierung:*

○ Die Kinder probieren verschiedene Stiftarten aus (z. B. Blei- oder Buntstift, Filzstift, Wachsmalstift).
□ Die Kinder benutzen beim Zeichnen ihre nicht dominante Hand.
△ Die Kinder malen beidhändig mit zwei Stiften.

# Figurenrennen

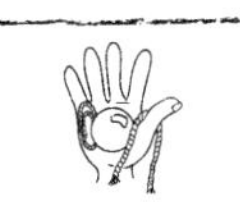

*Thema:* Handgeschicklichkeit, sicherer Umgang mit dem Stift, Auge-Hand-Koordination
*Material:* Papier, Stifte
*Sozialform:* Partnerarbeit
*Klasse:* 1/2

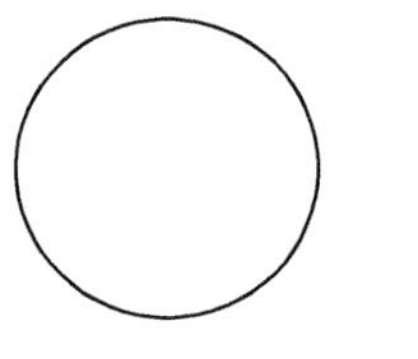

*Anleitung:*

Die Kinder finden sich zu Paaren zusammen. Beide Kinder haben jeweils ein Blatt Papier vor sich liegen. Nun müssen die Kinder beide gleichzeitig auf Ansage einfache geometrische Formen (z. B. Dreieck, Viereck, Rechteck, Kreis) zeichnen. Dabei versuchen sie, in einem vorgegebenen Zeitraum z. B. so viele Dreiecke wie möglich zu zeichnen. Wichtig ist dabei, dass die geometrischen Formen ordentlich gezeichnet werden und klar erkennbar sind. Wer schafft es, die meisten Formen zu zeichnen?

*Differenzierung:*

○ Die Kinder probieren verschiedene Stiftarten aus (z. B. Blei- oder Buntstift, Filzstift, Wachsmalstift).
□ Die Kinder benutzen beim Zeichnen ihre nicht dominante Hand.
△ Die Kinder malen beidhändig mit zwei Stiften.

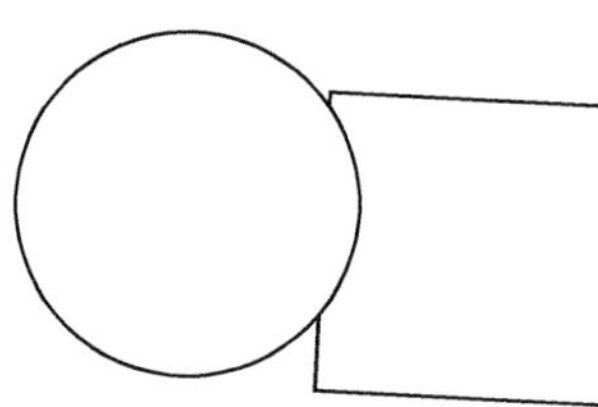
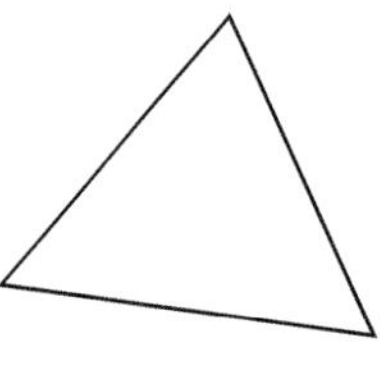

## *Mustergültig (1)*

◯ Male die Musterreihen richtig weiter.

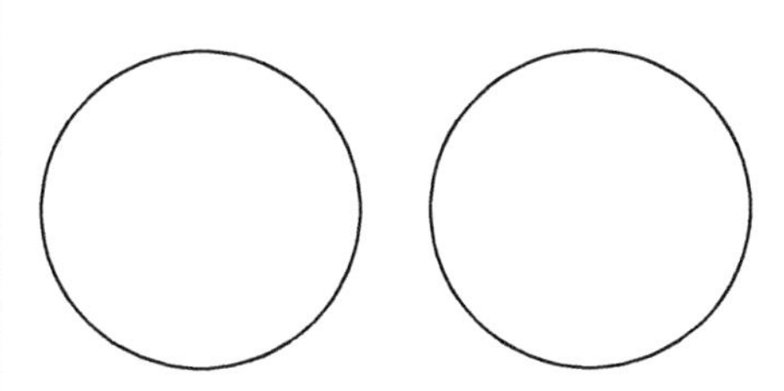

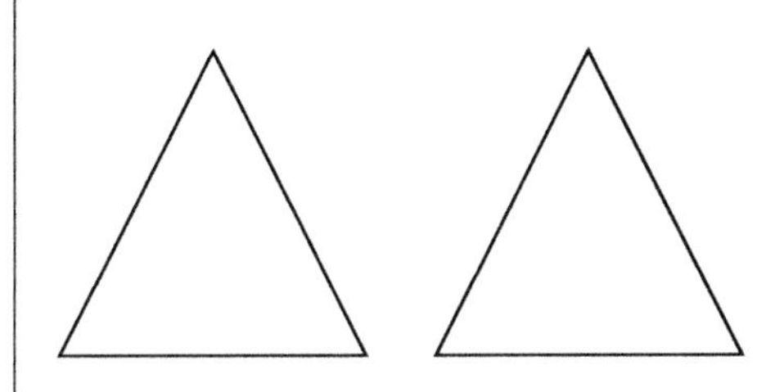

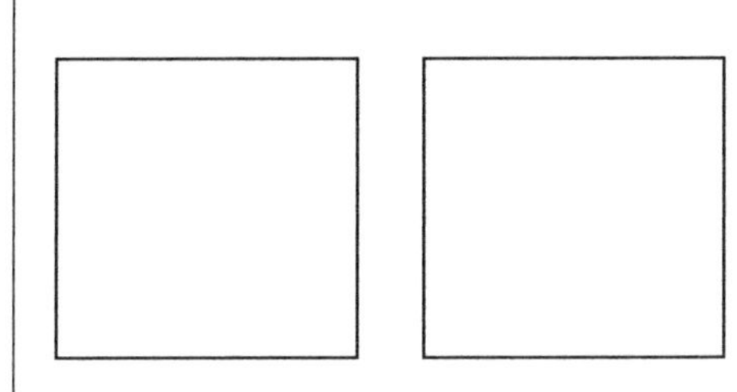

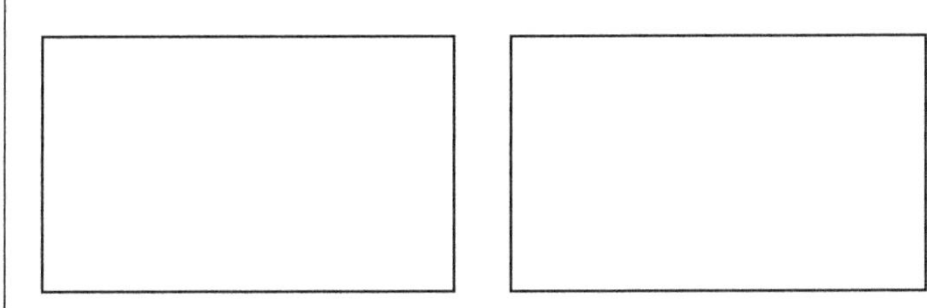

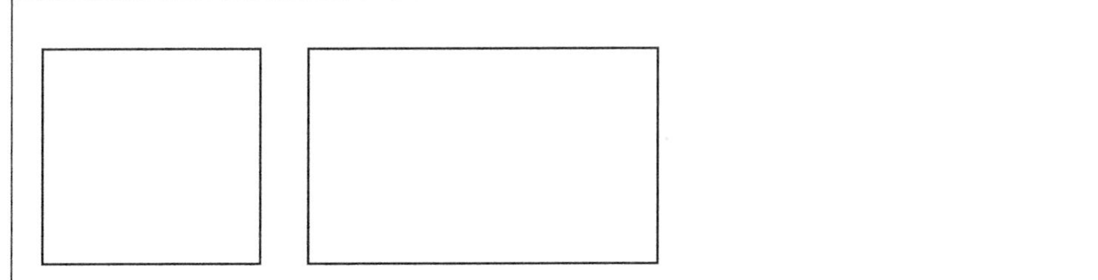

# Mustergültig (2)

Male die Musterreihen richtig weiter.

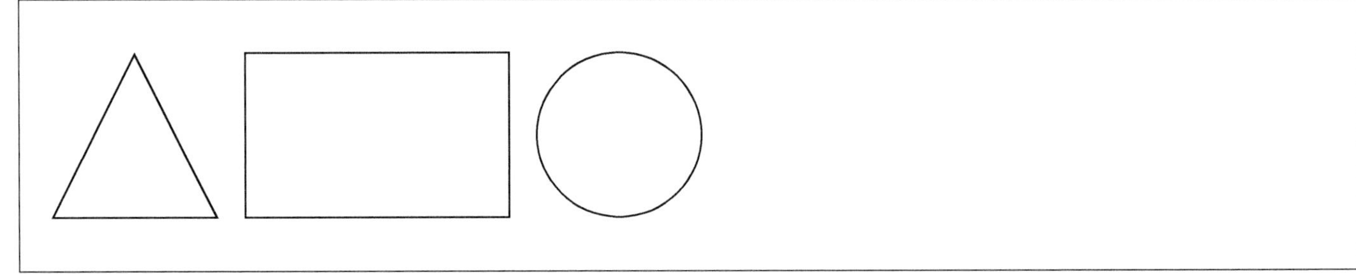

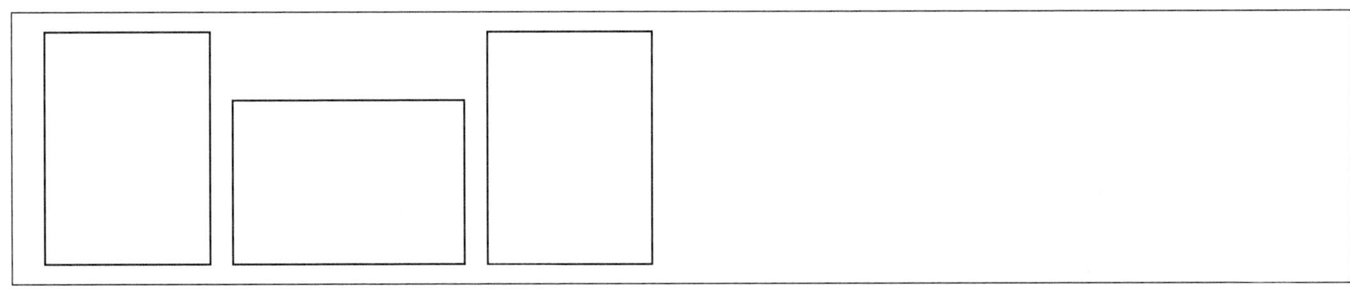

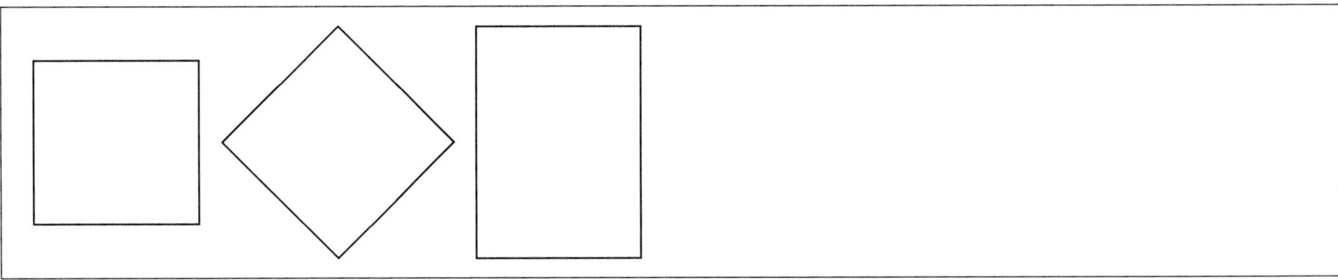

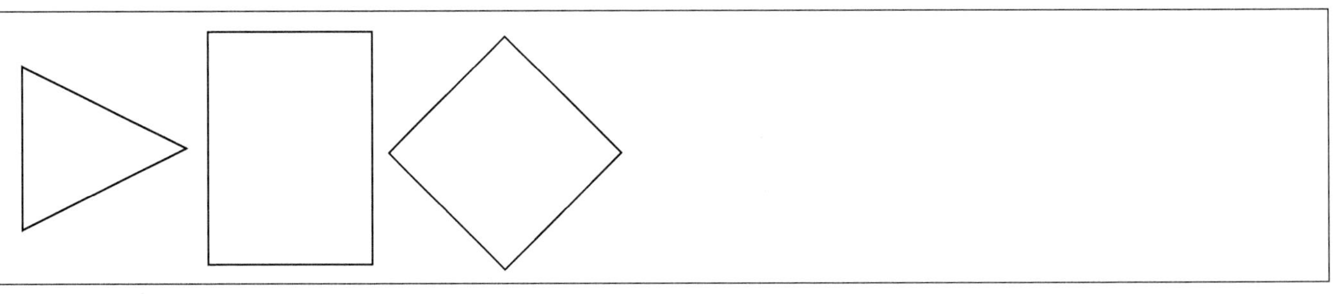

# Mustergültig (3)

△ Male die Musterreihen richtig weiter.

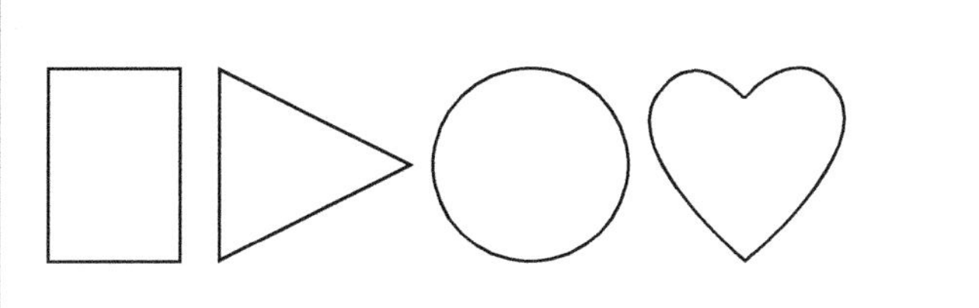

# Schwungvoll (1)

Male die Blumen in den richtigen Farben aus.
Welches Insekt fliegt zu welcher Blume? Finde es heraus.
Fahre die Linien in den Farben der passenden Blume nach.

GELB BLAU ROT GRÜN

# Schwungvoll (2)

Schnecke Schlurf sucht den Weg zu ihrer Lieblingsblume. Kannst du ihr helfen? Zeichne den Weg genauso ein, wie du ihn im oberen Feld siehst.

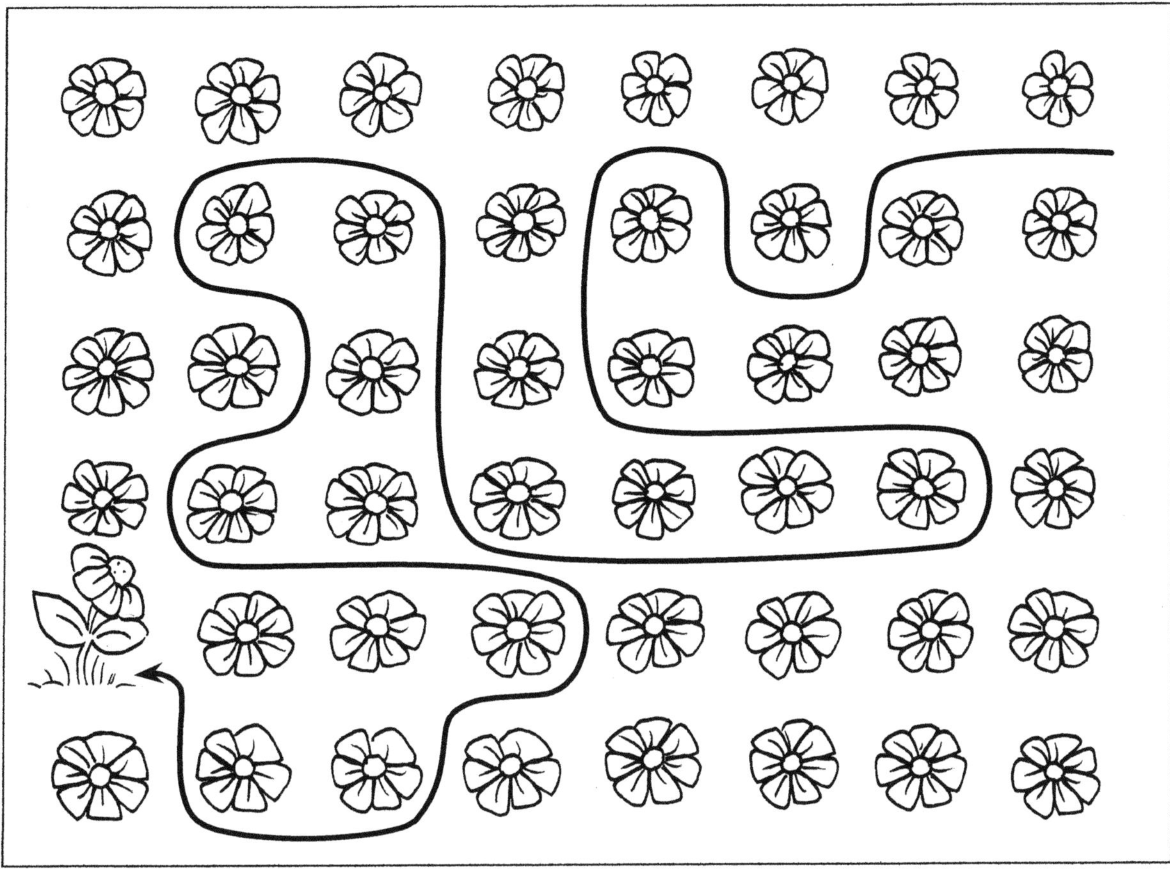

# Schwungvoll (3)

△ Zeige Schildkröte Jupp den Weg durch das Labyrinth zur Blume.
Zeichne den Weg ein, ohne die Seitenwände zu berühren.

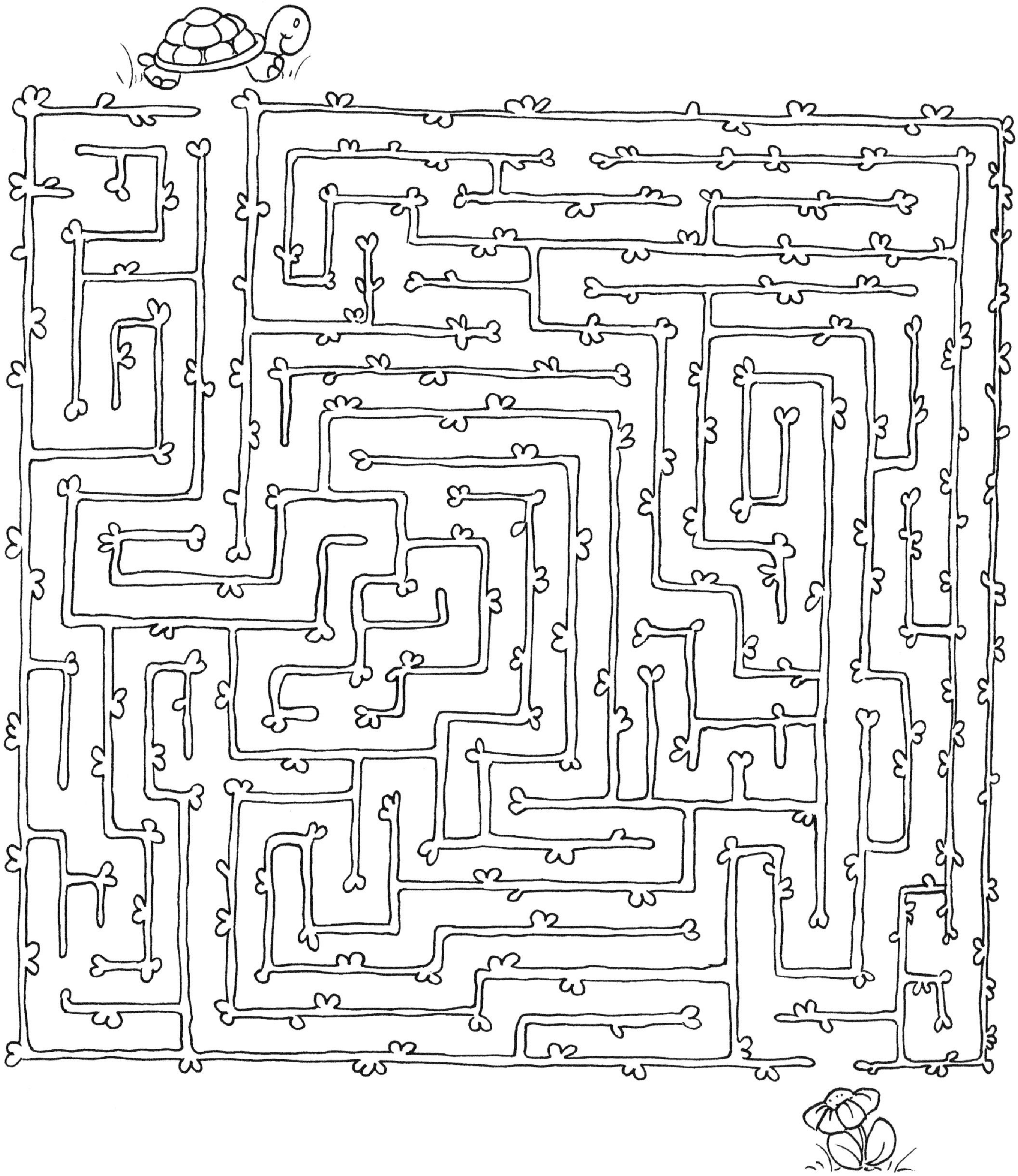

# Zeichenkünstler (1)

Übertrage das Bild so genau wie möglich in das untere Raster.

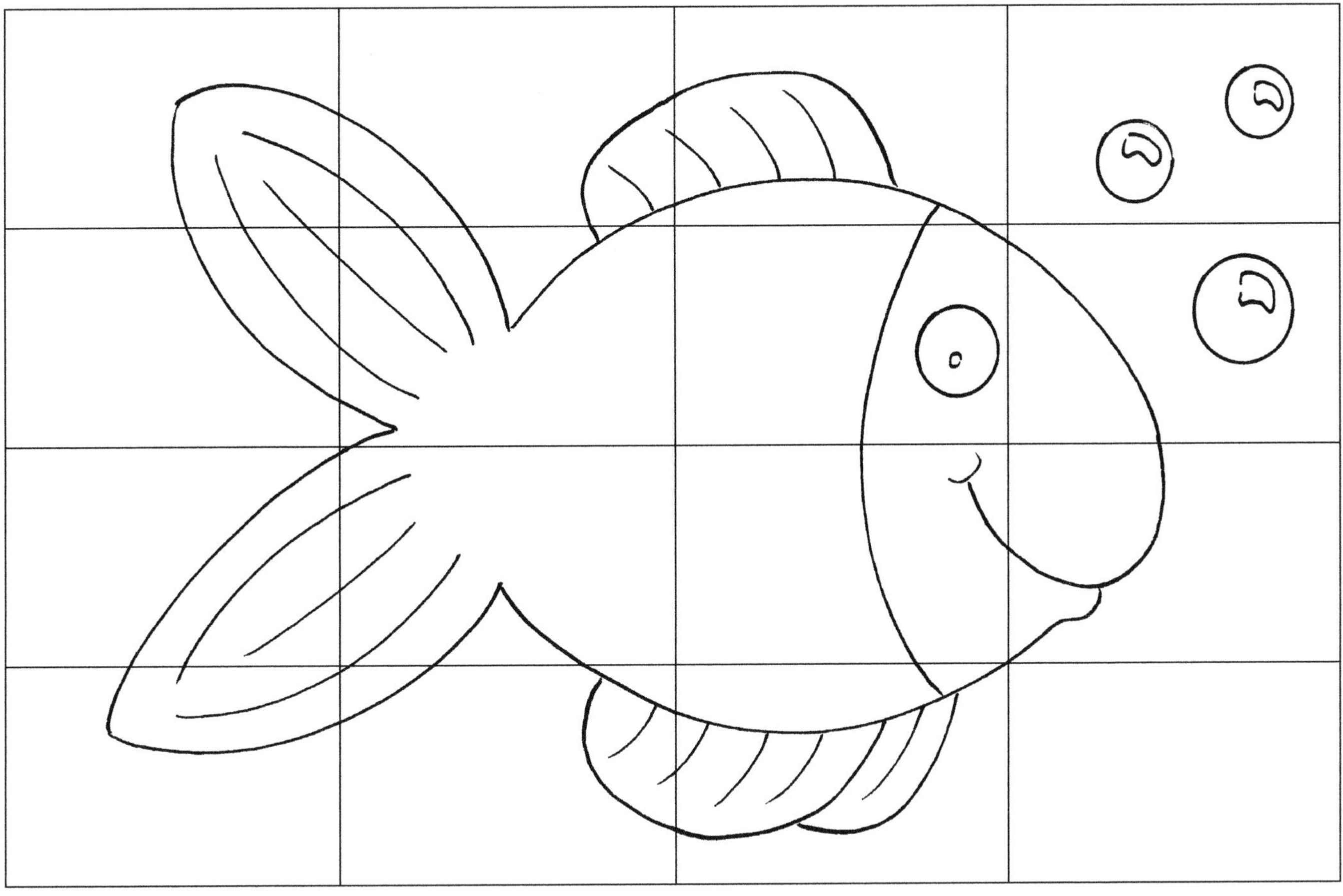

# Zeichenkünstler (2)

☐ Übertrage das Bild so genau wie möglich in das untere Raster.

## Zeichenkünstler (3)

△ Übertrage das Bild so genau wie möglich in das untere Raster.

# Mandala (1)

Male das Bild bunt an.

# Mandala (2)

☐ Male das Bild bunt an.

# Mandala (3)

△ Male das Bild bunt an.

# Chinesische Schriftzeichen (1)

Versuche, das chinesische Schriftzeichen möglichst genau nachzuzeichnen.

**rén = der Mensch** **1.** **2.**

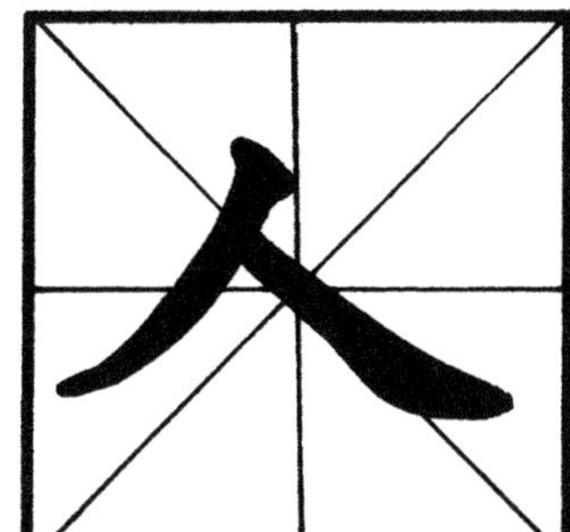

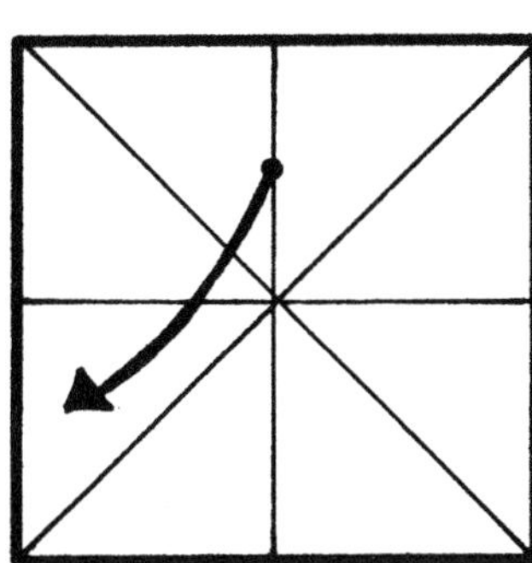

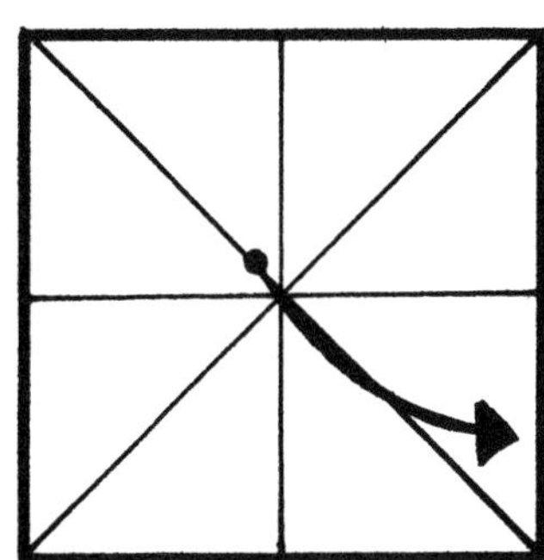

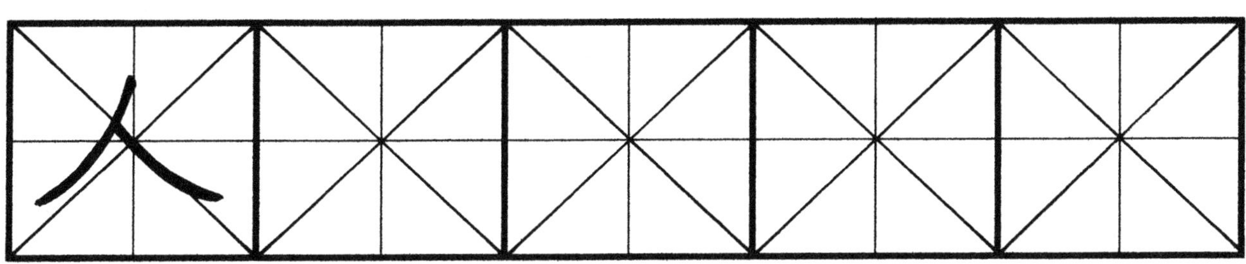

Nun wird es schon ein bisschen schwieriger.

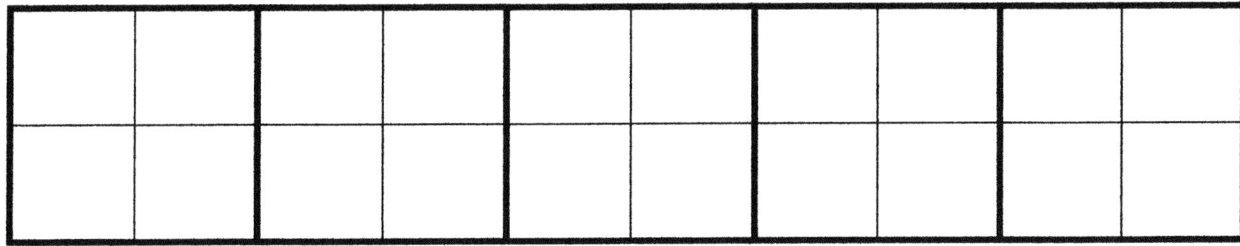

Kannst du das Schriftzeichen auch ohne Hilfslinien zeichnen?

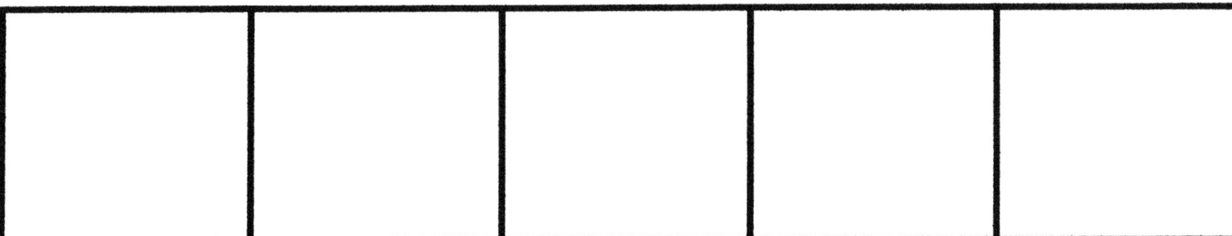

# Chinesische Schriftzeichen (2)

☐ Versuche, das chinesische Schriftzeichen möglichst genau nachzuzeichnen.

**rì = die Sonne**

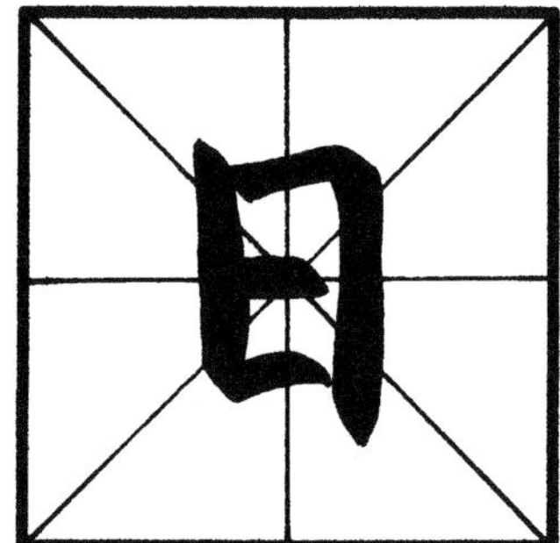

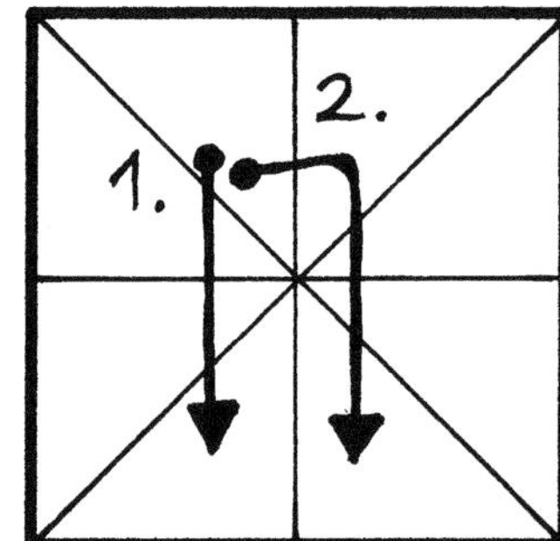


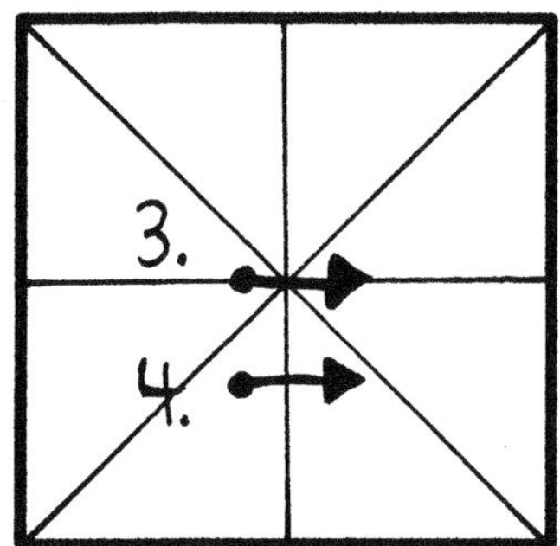


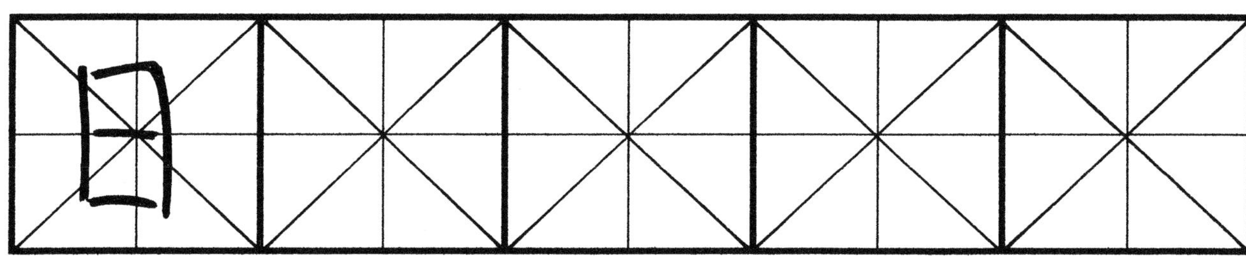

Nun wird es schon ein bisschen schwieriger.

Kannst du das Schriftzeichen auch ohne Hilfslinien zeichnen?

# Chinesische Schriftzeichen (3)

△ Versuche, das chinesische Schriftzeichen möglichst genau nachzuzeichnen.

**ǎn = der Frieden**

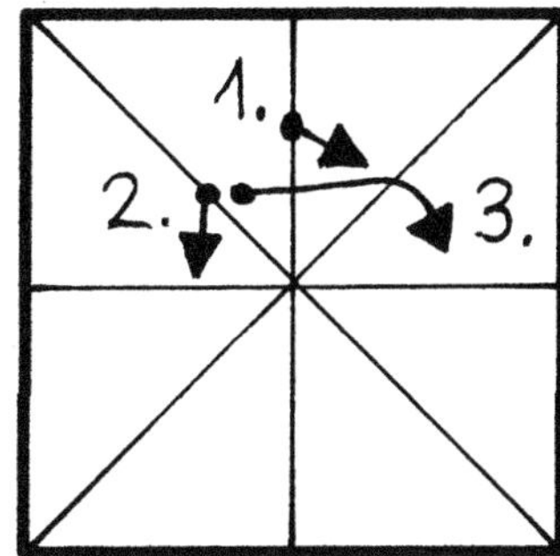


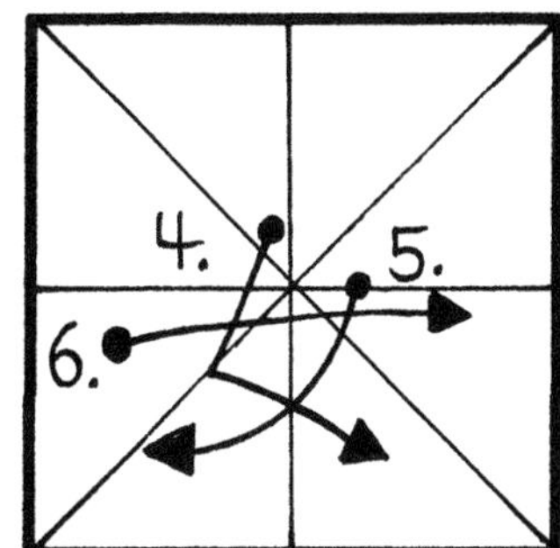


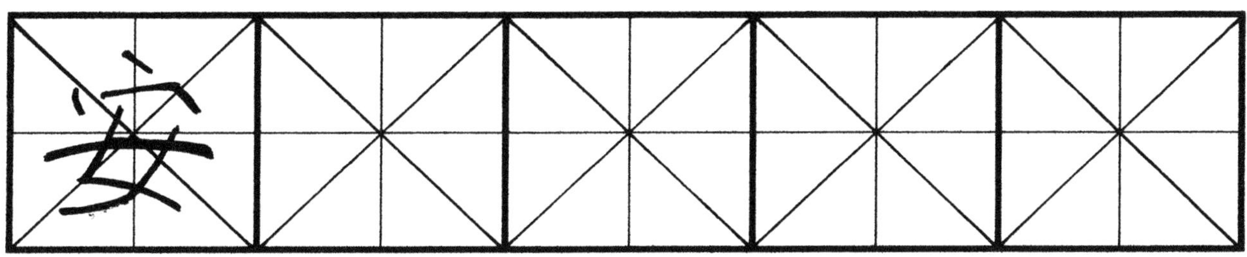

Nun wird es schon ein bisschen schwieriger.

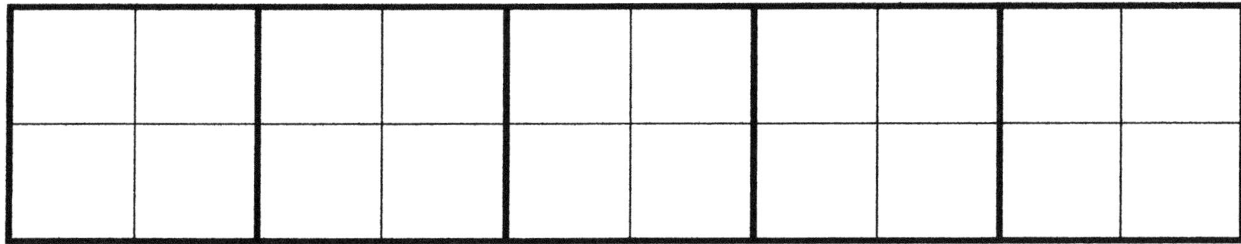

Kannst du das Schriftzeichen auch ohne Hilfslinien zeichnen?

# Tangram (1)

**Du brauchst:**
- Bunt- oder Filzstifte
- einen Klebestift
- ein Stück Pappe
- eine Schere

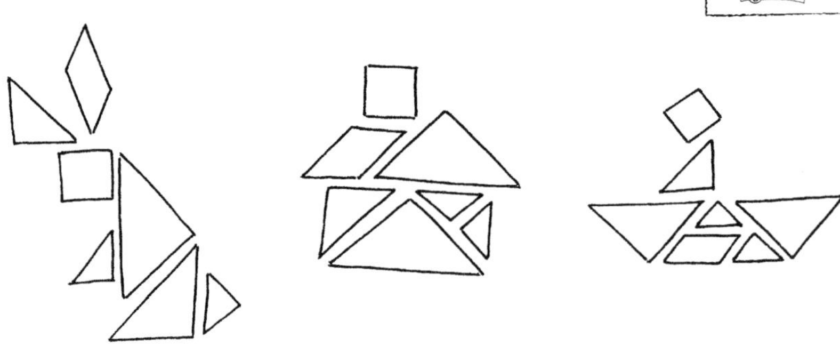

**So geht es:**
1. Male die Flächen bunt an. Benutze für jede Fläche eine andere Farbe. Achte dabei genau auf die Begrenzungen der Flächen.
2. Klebe das Tangram auf ein Stück Pappe auf.
3. Schneide die einzelnen Flächen an den gestrichelten Linien auseinander.
4. Jetzt kannst du verschiedene Figuren mit dem Tangram legen (siehe Beispiele oben und die Figurenvorlagen von Seite 67).

**Bastelvorlage: „Tangram“**

# Tangram (2)

*Differenzierung:*

- ◯ Lege die Figuren mit nur einer Hand.
- ◻ Suche dir einen Partner. Einigt euch auf eine Figur, die ihr beide gleichzeitig legen möchtet (siehe Vorlagen unten). Wer schafft es, die Figur am schnellsten zu legen?
- △ Denke dir selber Figuren aus und zeichne sie auf ein Blatt Papier.

**Figurenvorlagen:**

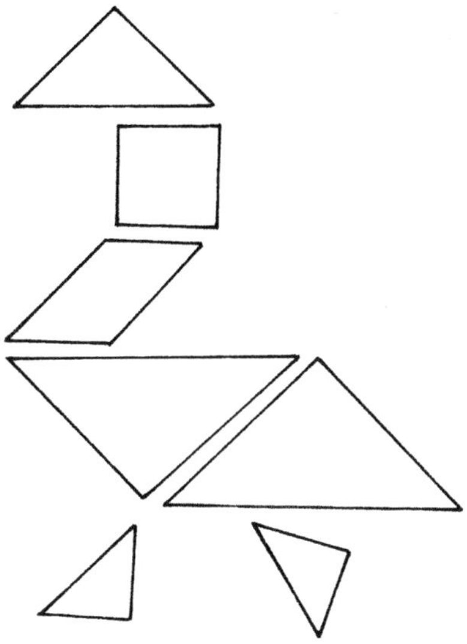

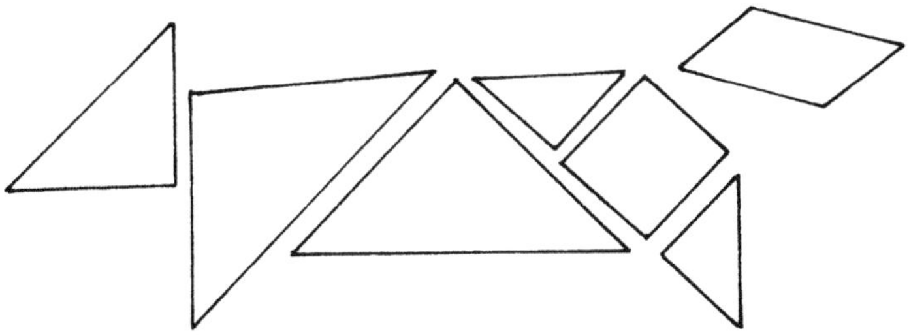

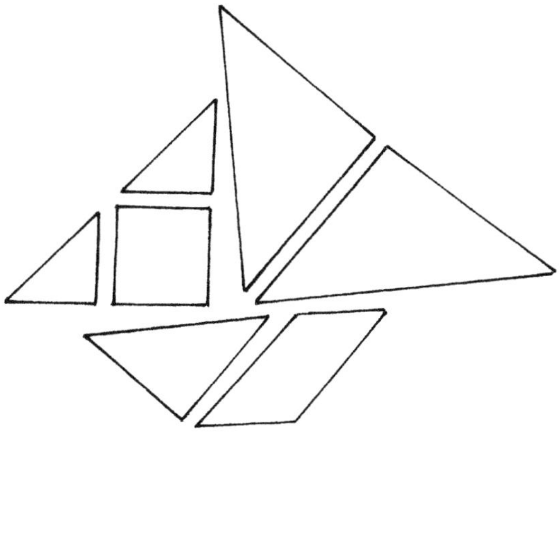

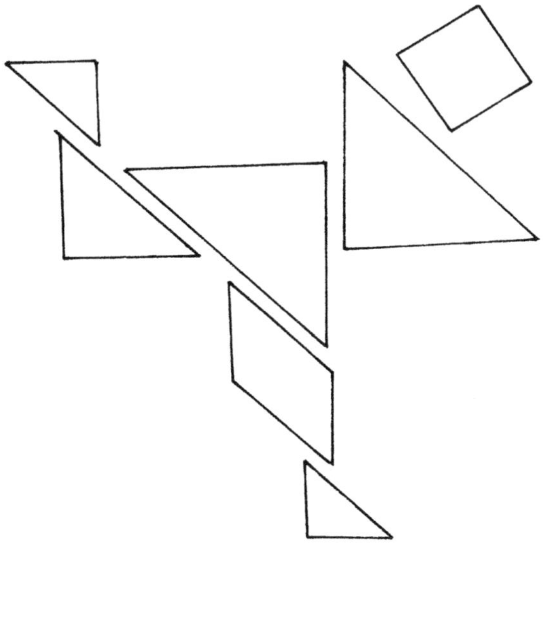

# Bastelvorlage: „Eine Seerose“

◯ Bastle eine Seerose.

**Du brauchst:**

- Bunt- oder Filzstifte
- eine Schere, einen Klebestift

**So geht es:**

1. Wenn du magst, kannst du die Vorlagen zunächst bunt anmalen.
2. Schneide dann die Vorlagen an den gestrichelten Linien aus.
3. Knicke die Blätter der Seerose an den durchgezogenen Linien nach oben.
4. Lege die Blätter der Seerose der Größe nach ineinander.
   Klebe sie dabei am Boden zusammen.

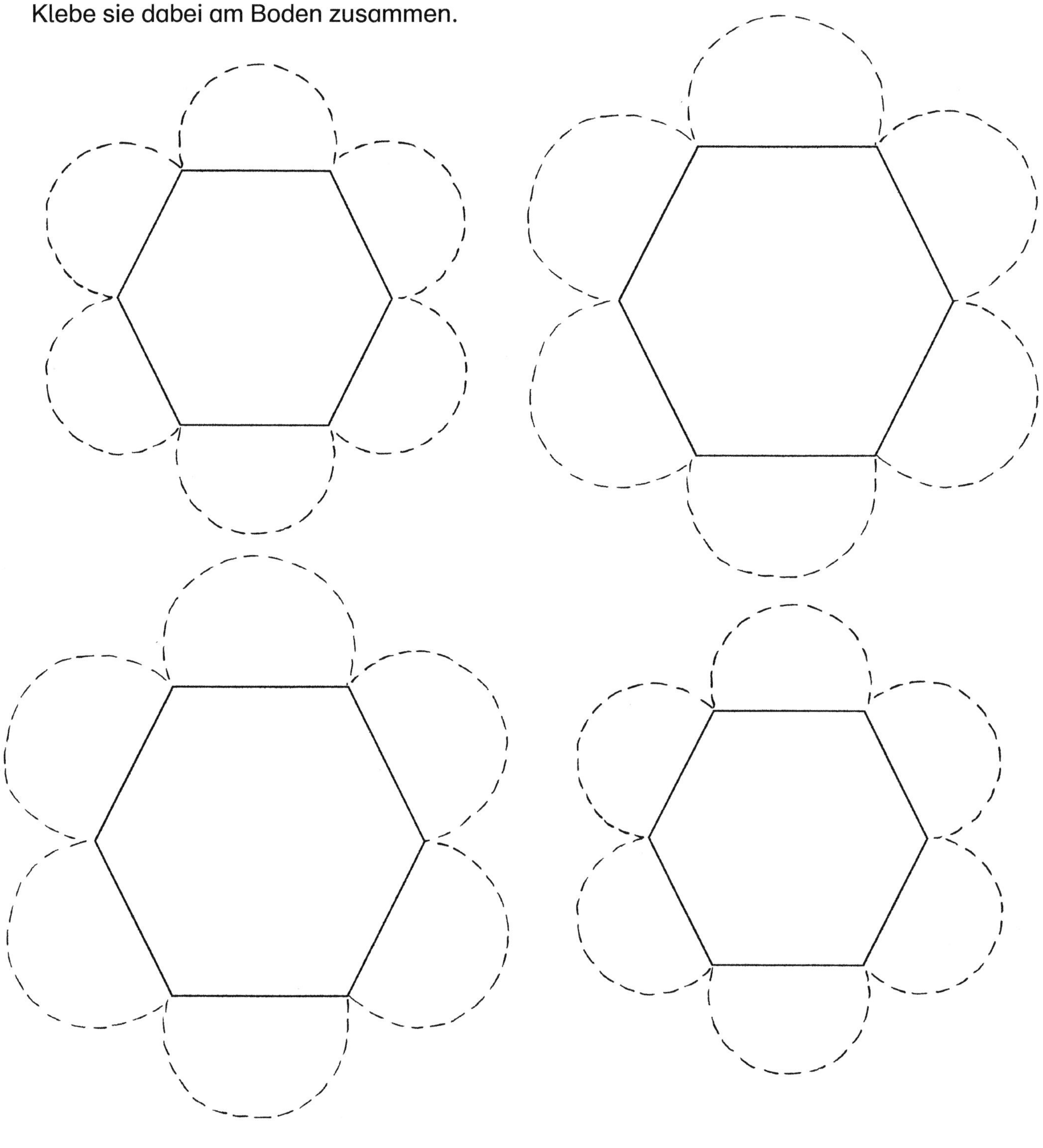

# *Bastelvorlage: „Puzzle"*

☐ Bastle und gestalte dir ein eigenes Puzzle.

**Du brauchst:**

- Buntstifte
- eine Schere, einen Klebestift
- ein Stück Pappe

**So geht es:**

1. Male zuerst ein Bild auf die Vorlage. Nimm dabei helle Farben, damit du nach dem Malen noch die gestrichelten Linien gut erkennen kannst.
2. Klebe die Vorlage dann auf die Pappe auf.
3. Schneide die Einzelteile des Puzzles aus.
4. Lasse deinen Sitznachbarn das Puzzle legen.

# *Bastelvorlage: „Hampelclown"*

△ Bastle dir einen Hampelclown.

**Du brauchst:**

- Bunt- oder Filzstifte
- eine Schere, einen Klebestift, eine dicke Stopfnadel
- ein Stück Pappe
- Musterklammern

**So geht es:**

1. Wenn du magst, kannst du die Vorlage zunächst bunt anmalen.
2. Klebe sie dann auf die Pappe und schneide die Einzelteile aus.
3. Bohre mit der Nadel Löcher in die markierten Stellen (Punkte).
4. Verbinde die Einzelteile des Clowns mit den Musterklammern.

# Prickelnde Bilder (1)

◯ Bastle dir einen schönen Anhänger.

**Du brauchst:**
- eine Prickelnadel und eine weiche Unterlage
- ein schönes Band
- Bunt- oder Filzstifte

**So geht es:**
1. Suche dir ein Bild aus und prickle es aus.
2. Dann kannst du ein schönes Band durch das Loch fädeln.
3. Du kannst das Bild natürlich auch noch bunt anmalen.

**Bastelvorlagen: „Prickelbilder“**

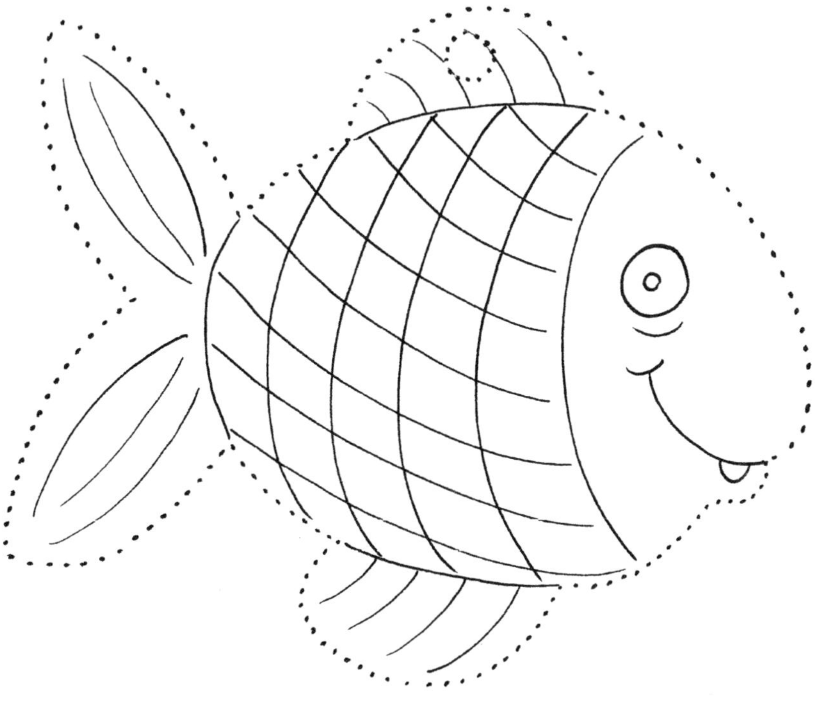

# Prickelnde Bilder (2)

☐ Bastle dir ein Fensterbild.

**Du brauchst:**
- eine Schere, Klebstoff
- eine Prickelnadel und eine weiche Unterlage
- Transparentfolie

**So geht es:**
1. Schneide zuerst das Fensterbild an der gestrichelten Linie mit der Schere aus.
2. Prickle die Flächen mit den gepunkteten Linien aus.
3. Klebe dann bunte Transparentfolie hinter die freigeprickelten Flächen.

**Bastelvorlage:**
**„Fensterbild"**

# Prickelnde Bilder (3)

△ Bastle dir eine Maske.

**Du brauchst:**
- eine Prickelnadel und eine weiche Unterlage
- Bunt- oder Filzstifte
- ein Band und Klebestreifen

**So geht es:**
1. Prickle die Maske aus.
2. Du kannst sie vorher natürlich auch noch bunt anmalen.
3. Wenn du nun noch ein Band an die Seiten der Maske klebst, kannst du sie dir aufsetzen.

**Bastelvorlage: „Maske"**

# Papierweben

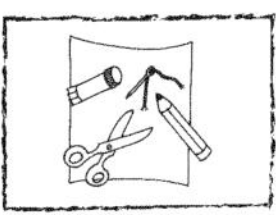

◯ Wusstest du schon, dass du mit Papier weben kannst? Probiere es einmal aus.

**Du brauchst:**

- Papier, evtl. bunte Papierreste (z. B. von Geschenkpapier) oder Stoffreste, Geschenkbänder usw.
- eine Schere, evtl. einen Stift

**So geht es:**

1. Nimm ein Stück Papier (am besten ein quadratisches) und falte es in der Hälfte.

2. Schneide dann von der Faltkante aus Streifen in das Papier.

3. Klappe das Blatt wieder auf.

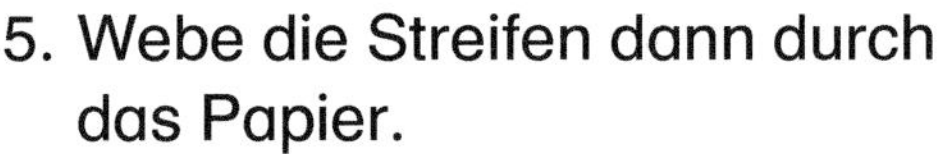

4. Schneide schmale, lange Streifen aus Papier (am besten aus buntem Papier).

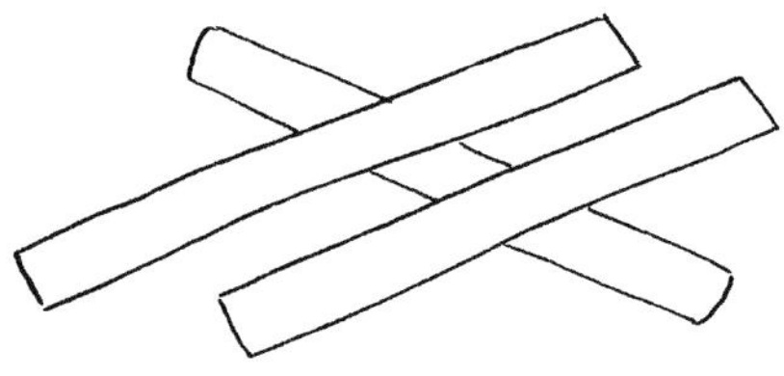

5. Webe die Streifen dann durch das Papier.

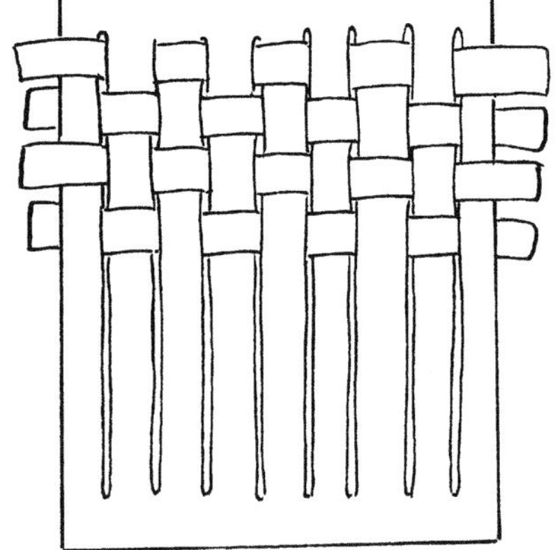

□ Du kannst auch Stoffreste in Streifen schneiden und zum Weben benutzen.

△ Du kannst das Papier auch zunächst zu einem Papierherzen oder etwas Ähnlichem zurechtschneiden.

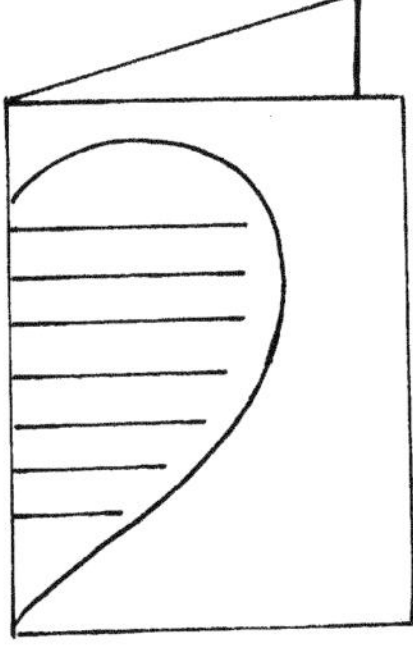

# *Kugelfangbecher*

Bastle dir einen eigenen Kugelfangbecher.

○ Lasse dir beim Basteln vielleicht von einem Erwachsenen helfen.

□ Du kannst den Kugelfangbecher auch zusammen mit einem Partner basteln. Helft euch gegenseitig beim Basteln.

△ Oder du bastelst den Kugelfangbecher ohne Hilfe ganz alleine.

**Du brauchst:**

- einen Pappbecher
- eine dicke Holzperle oder Styroporkugel
- eine Stopfnadel und einen langen Wollfaden

**So geht es:**

1. Fädle den Faden in die Stopfnadel.
2. Stich dann die Nadel durch die Holzperle oder die Mitte der Styroporkugel. Ziehe den Faden durch die Kugel. Verknote den Faden unter der Kugel.
3. Fädle dann das andere Ende des Fadens wieder in die Stopfnadel ein. Bohre die Nadel durch die Mitte des Becherbodens und ziehe den Faden durch. Verknote das Ende des Fadens. Fertig ist dein Kugelfangbecher.
4. Tretet nun mit euren Kugelfangbechern gegeneinander an. Ihr habt eine Minute Zeit. Wer schafft es in dieser Zeit am häufigsten, die Kugel mit dem Becher aufzufangen?

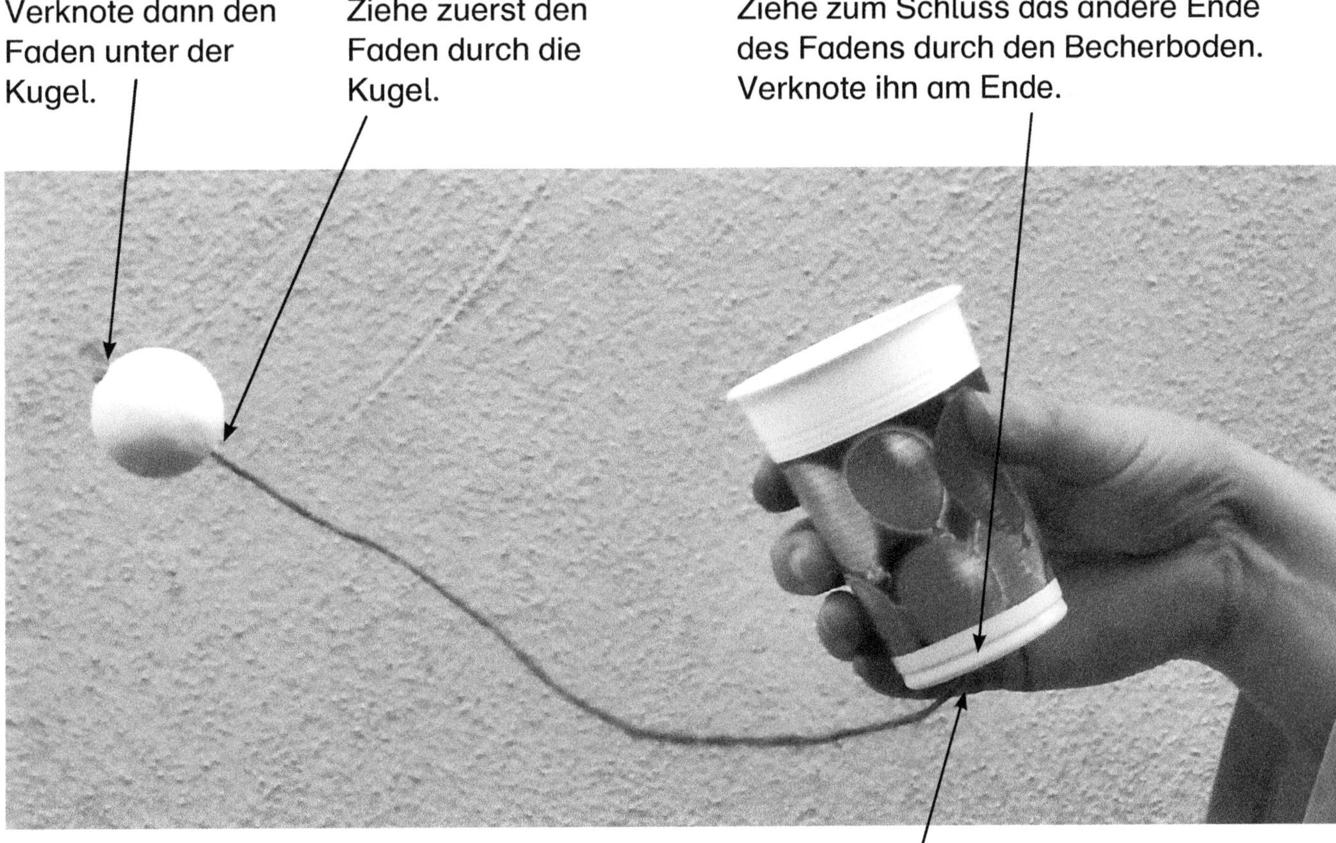

# Zaubertrick: „Perlen sortieren"

◯ Es gibt einen Zaubertrick, mit dem du blitzschnell Perlen nach ihrer Farbe sortieren kannst. Willst du ihn lernen?

Hokus, Pokus, Hexenspaß, füll die Perlen geschwind in das Zauberglas!

**Du brauchst:**

- zwei durchsichtige Gläser oder Pappbecher
- mehrere Perlen in zwei verschiedenen Farben (mindestens neun Stück von jeder Farbe)
- einen langen, durchsichtigen Nylonfaden
- Klebeband

**So geht es:**

1. Fädle die Perlen einer Farbe auf dem Nylonfaden auf. Verknote die erste aufgefädelte Perle gut mit dem Ende des Fadens, damit die weiteren aufgefädelten Perlen auf dem Faden halten.

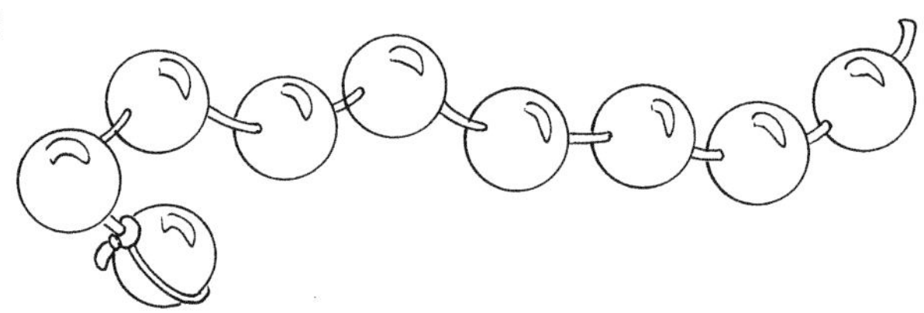

2. Verknote auch die letzte aufgefädelte Perle mit dem anderen Ende des Fadens.

3. Klebe dann die Perlenkette mit dem Klebeband auf dem Boden eines der Gläser fest.

4. Fülle nun die Perlen mit der anderen Farbe in das zweite Glas.

5. Nun ist Zeit für deinen zauberhaften Auftritt:

Zeige deinem Publikum die beiden Gläser mit den Perlen.
Fülle dann die Perlen, die nicht aufgefädelt sind, in das Glas mit der aufgeklebten Perlenkette. Murmel einen passenden Zauberspruch und mache dabei geheimnisvolle Gesten (z. B. die Gläser kreisen lassen oder leicht gegeneinanderstoßen).
Schütte dann die losen Perlen wieder zurück in ihr ursprüngliches Glas.
Wie durch Zauberhand bleibt die festgeklebte Perlenkette in dem Glas.
Dein Publikum wird staunen.

***Tipp***

Übe den Zaubertrick zunächst mehrere Male, damit er vor deinem Publikum gut klappt.
Überlege dir dabei passende Zaubersprüche.

# Zaubertrick: „Durch eine Postkarte steigen"

☐ Wolltest du schon immer einmal durch eine Postkarte steigen?
Mit diesem Zaubertrick kannst du es.

**Du brauchst:**
- eine Postkarte
- ein Lineal und einen Stift
- eine Schere

**So geht es:**
1. Falte die Postkarte an der langen Seite in der Mitte zusammen.

2. Schneide dann Streifen von oben und unten in die Karte.

Abrakadabra,
simsalabeim,
nun steige ich in die
Postkarte hinein!

| ***Tipp*** Zeichne am besten erst einmal die Streifen auf. |
|---|

Die Schnitte sollten ungefähr so aussehen:

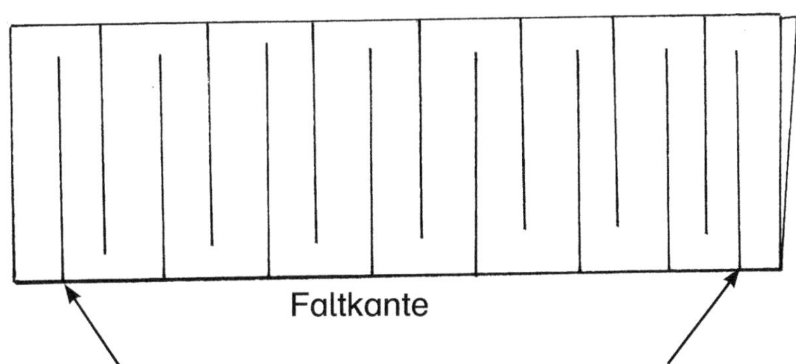


Wichtig: Die ersten Schnitte links und rechts müssen von der Faltkante aus eingeschnitten werden.

3. Schneide dann die Faltkante ein (siehe gestrichelte Linie).
Achtung: Die beiden äußeren Kanten (siehe Pfeile) dürfen dabei nicht eingeschnitten werden.

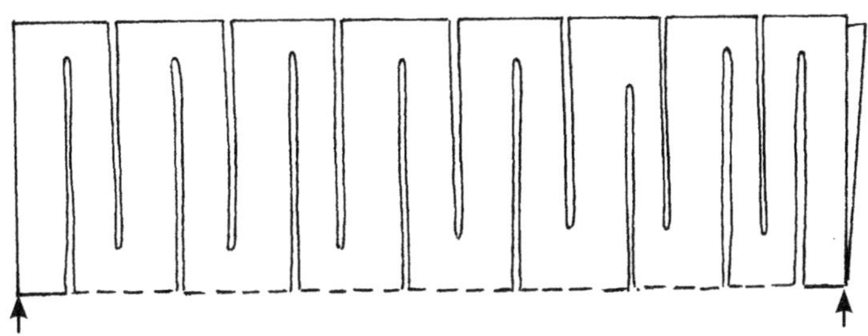

4. Klappe dann die Postkarte auf und ziehe sie vorsichtig auseinander. Es entsteht eine Postkartenkette (siehe Foto oben). Nun kannst du hindurchsteigen.

△ Übe den Zaubertrick als spannende Vorstellung mit einem passenden Zauberspruch.

## Seemannsknoten (1)

◯ Knüpfe den Seemannsknoten nach.

**Du brauchst:**
- einen Schnürsenkel
- eine lange Schnur oder Kordel

**„Einfacher Achterknoten“:**

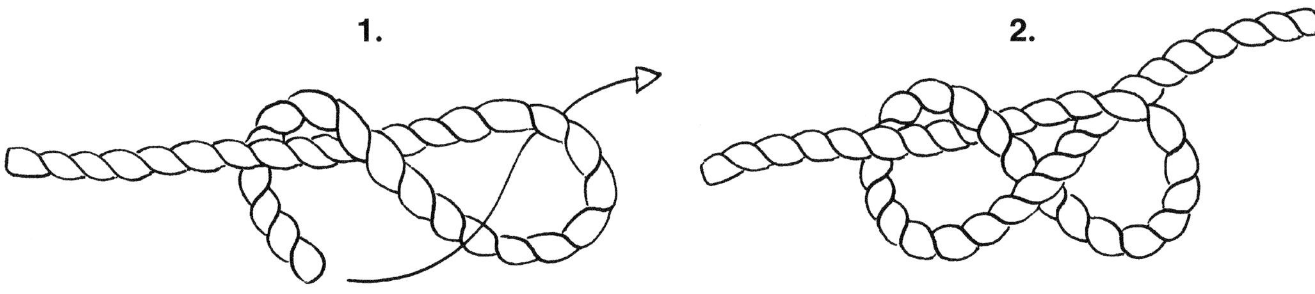


## Seemannsknoten (2)

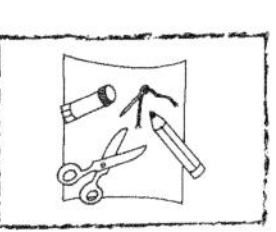

☐ Knüpfe den Seemannsknoten nach.

**Du brauchst:**
- zwei Schnürsenkel
- lange Schnüre oder Kordeln

**„Kreuzknoten“:**

1.

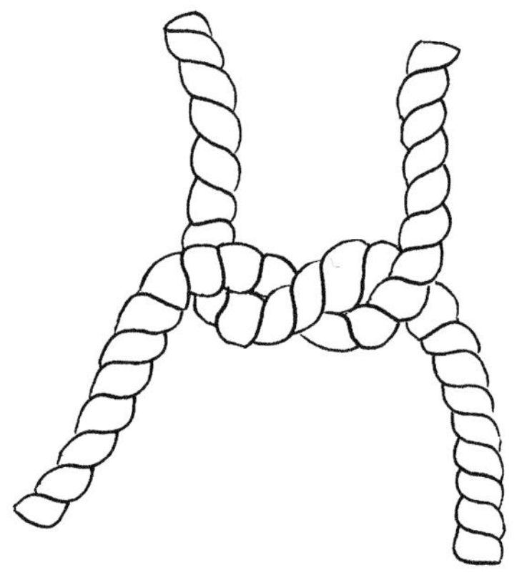

2.

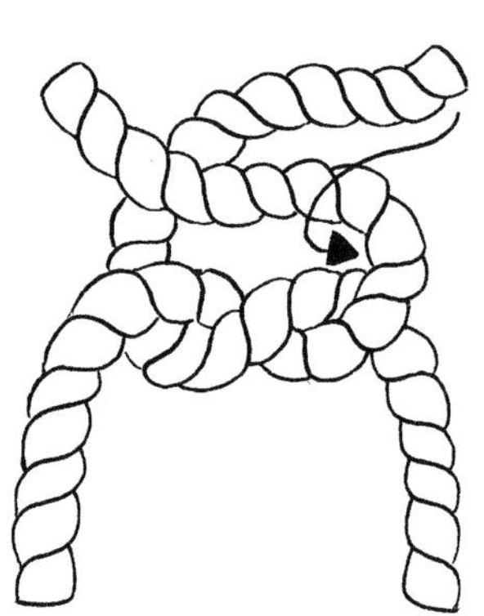

3.

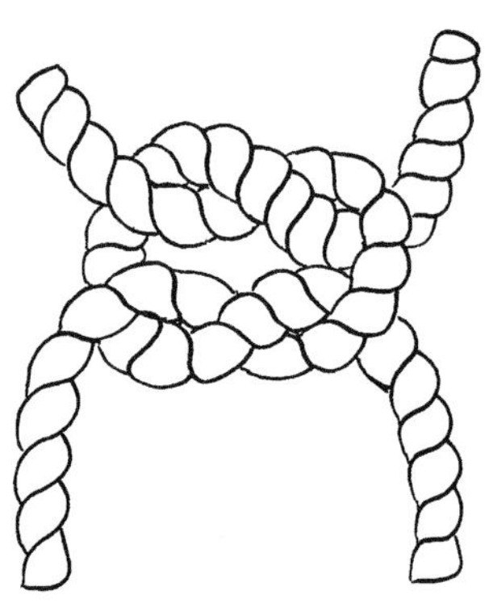

# Seemannsknoten (3)

△ Knüpfe den Seemannsknoten nach.

**Du brauchst:**
- einen Schnürsenkel
- eine lange Schnur oder Kordel
- einen langen Holzstab, ein Lineal oder etwas Ähnliches, um das du den Seemannsknoten knüpfen kannst

**„Einfacher Palstek“:**

1.

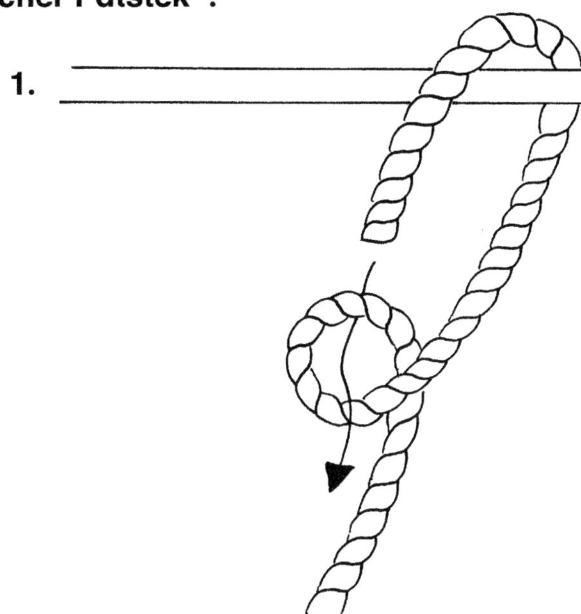

2.

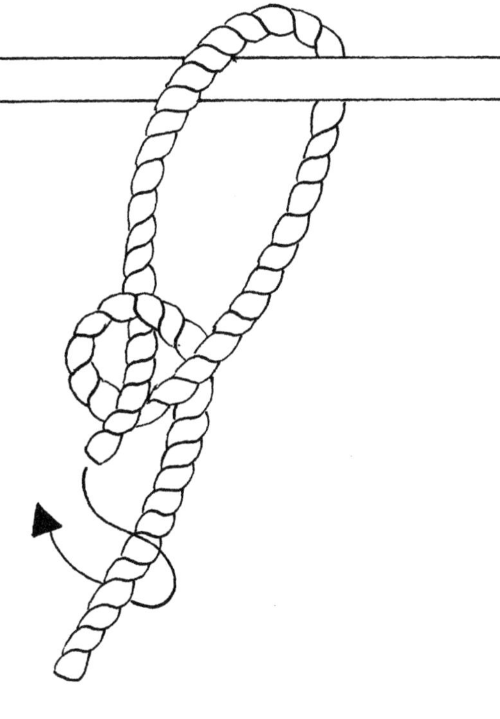

3.

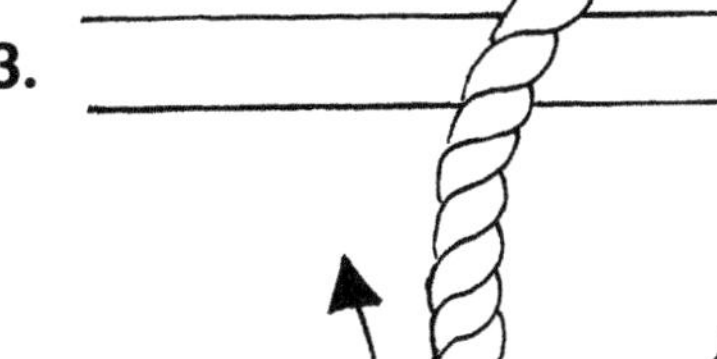

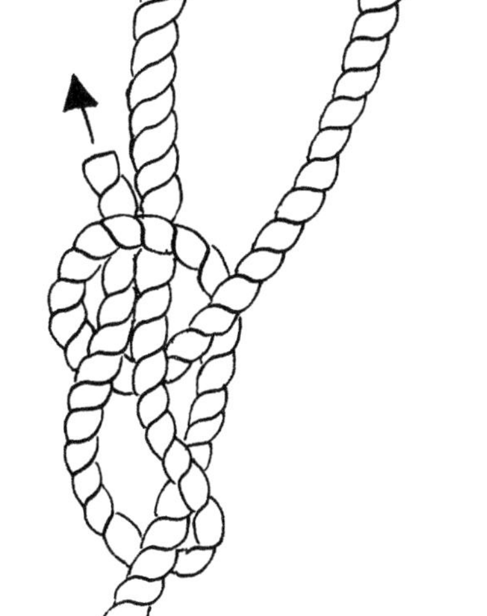

## Lösung – Schwungvoll (1), Seite 54

## Lösung – Schwungvoll (3), Seite 56